STUDIES

IN

CLASSICAL PHILOLOGY

EDITED BY A COMMITTEE REPRESENTING THE DEPARTMENTS
OF GREEK, LATIN, ARCHÆOLOGY, AND
COMPARATIVE PHILOLOGY

PREPRINT FROM VOLUME IV

SANCTAE SILVIAE PEREGRINATIO

EDWARD A. BECHTEL

WIPF & STOCK · Eugene, Oregon

Wipf and Stock Publishers
199 W 8th Ave, Suite 3
Eugene, OR 97401

Sanctae Silviae Peregrinatio
By Bechtel, Edward A.
ISBN 13: 978-1-55635-704-6
ISBN 10: 1-55635-704-4
Publication date 9/24/2010
Previously published by The University of Chicago Press, 1902

SANCTAE SILVIAE PEREGRINATIO.[1]

[*Multa Desunt.*]

I. ostendebantur iuxta scripturas. Interea ambulantes peruenimus ad quendam locum, ubi sex tamen montes illi, inter quos ibamus, aperiebant et faciebant uallem infinitam ingens planissima et ualde pulchram. Et trans uallem apparebat mons sanctus Dei Syna. Hic autem locus, ubi se montes aperiebant, iunctus est cum eo loco, quo sunt memoriae concupiscentiae. In eo ergo loco cum uenitur, ut tamen commonuerunt deductores sancti illi, qui nobiscum erant, dicentes: "Consuetudo est, ut fiat hic oratio ab his qui ueniunt, quando de eo loco primitus uidetur mons Dei; sicut et nos fecimus." Habebat autem de eo loco ad montem Dei forsitan quattuor milia totum per ualle illa, quam dixi ingens.

II. Vallis autem ipsa ingens est ualde, iacens subter latus montis Dei, quae habet forsitan, quantum potuimus uidentes estimare aut ipsi dicebant, in longo milia passos forsitan sedecim, in lato autem quattuor milia esse appellabant. Ipsam ergo uallem nos trauersare habebamus, ut possimus montem ingredi. Haec est autem uallis ingens et planissima, in qua filii Israhel commorati sunt his diebus, quod sanctus Moyses ascendit in montem Domini et fuit ibi quadraginta diebus et quadraginta noctibus. Haec est autem uallis, in qua factus est uitulus: qui locus usque in hodie ostenditur. Nam lapis grandis ibi fixus stat in ipso loco. Haec ergo uallis ipsa est, in cuius capite ille locus est, ubi sanctus Moyses, cum pasceret pecora soceri sui, iterum locutus est ei Deus de rubo in igne. Et quoniam nobis ita erat iter, ut prius montem Dei ascenderemus, qui hinc paret, unde ueniebamus melior ascensus erat, et illuc denuo ad illud caput uallis descenderemus, id est

---

[1] The text is based upon a copy of the manuscript at Arezzo, made by Mr. O. M. Washburn, fellow of the University of Chicago. With the exception of the punctuation and the abbreviations, an attempt has been made to reproduce the exact reading of the manuscript, even in instances of obvious error.

ubi rubus erat, quia melior descensus montis Dei erat. Inde
itaque ergo hoc placuit, ut uisis omnibus, quae desiderabamus,
descendentes a monte Dei, ubi est rubus ueniremus, et inde totum
per mediam uallem ipsam, qua iacet in longo, rediremus ad iter
cum hominibus Dei, qui nobis singula loca quae scripta sunt per 5
ipsam uallem ostendebant, sicut et factum est. Nobis ergo euntibus ab eo loco, ubi uenientes a Faran feceramus orationem, iter
sic fuit, ut per medium transuersaremus caput ipsius uallis et sic
plecaremus nos ad montem Dei. Mons autem ipse per giro quidem unus esse uidetur; intus autem quod ingrederis, plures sunt 10
sed totum mons Dei appellatur, specialis autem ille, in cuius summitate est hic locus, ubi descendit maiestas Dei, sicut scriptum
32 est, in medio illorum | omnium est. Et cum hi omnes, qui per-
girum sunt, tam excelsi sunt quam nunquam me puto uidisse,
tamen ipse ille medianus, in quo descendit maiestas Dei, tanto 15
altior est omnibus illis, ut cum subissemus in illo, prorsus toti
illi montes, quos excelsos uideramus, ita infra nos essent ac si
colliculi permodici essent. Illud sane satis admirabile est et sine
Dei gratia puto illud non esse, ut cum omnibus altior sit ille
medianus, qui specialis Syna dicitur, id est in quo descendit 20
maiestas Domini, tamen uideri non possit, nisi ad propriam radicem illius ueneris, ante tamen quam eum subeas. Nam postea
quam completo desiderio descenderis inde et de contra illum
uides, quod ante quam subeas, facere non potest. Hoc autem,
antequam perueniremus ad montem Dei, iam referentibus fratri- 25
bus cognoueram; et postquam ibi perueni, ita esse manifeste
cognoui.

III. Nos ergo sabbato sera ingressi sumus montem et perue-
nientes ad monasteria quedam susceperunt nos ibi satis humane
monachi, qui ibi commorabantur, praebentes nobis omnem humani- 30
tatem. Nam et aecclesia ibi est cum presbytero: ibi ergo man-
simus in ea nocte. Et inde maturius die dominica cum ipso
presbytero et monachis, qui ibi commorabantur, cepimus ascendere
montes singulos; qui montes cum infinito labore ascenduntur,
quoniam non eos subis lente et lente per girum, ut dicimus in 35
cocleas, sed totum ad directum subis ac si per parietem; et ad

directum descendi necesse est singulos ipsos montes donec peruenias ad radicem propriam illius mediani, que est specialis Syna. Hac sic ergo, iubente Christo Deo nostro, adiuta orationibus sanctorum qui comitabantur, et sic cum grandi labore, quia pedi-
5 bus me ascendere necesse erat, quia prorsus nec in sella ascendi poterat, tamen ipse labor non sentiebatur. Ex ea parte autem non sentiebatur labor, quia desiderium quod habebam iubente Deo uidebam compleri. Hora ergo quarta peruenimus in summitatem illam montis Dei sancti Syna, ubi data est lex, in eo id
10 est loco, ubi descendit maiestas Domini in ea die qua mons fumigabat. In eo ergo loco est nunc ecclesia non grandis, quoniam et ipse locus, id est summitas montis, non satis grandis est; quae tamen aecclesia habet de se gratiam grandem. Cum ergo iubente Deo persubissemus in ipsa summitate et peruenissemus ad hostium
15 ipsius ecclesiae, ecce et occurrit presbyter ueniens | de monasterio 33 suo, qui ipsi ecclesie deputabatur, senex integer et monachus a prima uita et, ut hic dicunt, ascitis et quid plura? qualis dignus est esse in eo loco. Occurrerunt etiam et alii presbyteri, nec non etiam et omnes monachi qui ibi commorabantur iuxta montem
20 illum, id est qui tamen aut etate aut inbeccillitate non fuerunt impediti. Verum autem in ipsa summitate montis mediani nullus commanet; nichil enim est ibi aliud nisi sola ecclesia et spelunca, ubi fuit sanctus Moyses. Lecto ergo ipso loco omnia de libro Moysi et facta oblatione ordine suo, hac sic communicantibus
25 nobis, iam ut exiremus de aecclesia, dederunt nobis presbyteri loci ipsius eulogias, id est de pomis quae in ipso monte nascuntur. Nam cum ipse mons sanctus Syna totus petrinus sit, ita ut nec fruticem habeat, tamen deorsum prope radicem montium ipsorum, id est seu circa illius qui medianus est seu circa illorum qui per
30 giro sunt, modica nerrola est: statim sancti monachi pro diligentia sua arbusculas ponunt et pomariola instituunt uel orationes. et iuxta sibi monasteria, quasi ex ipsius montis terra aliquos fructus capiant; quos tamen manibus suis elaborasse uideantur. Hac sic ergo postea quam communicaueramus et dederant nobis
35 eulogias sancti illi et egressi sumus foras hostium ecclesiae, tunc cepi eos rogare ut ostenderent nobis singula loca. Tunc statim

illi sancti dignati sunt singula ostendere. Nam ostenderunt nobis
speluncam illam, ubi fuit sanctus Moyses, cum iterato ascendisset
in montem Dei, ut acciperet denuo tabulas, postea quam priores
illas fregerat peccante populo, et cetera loca, quaecumque desiderabamus, uel quae ipsi melius nouerant, dignati sunt ostendere 5
nobis. Illud autem uos uolo scire, dominae uenerabiles sorores,
qui de eo loco ubi stabamus, id est in giro parietes ecclesiae, id
est de summitate montis ipsius mediani, ita infra nos uidebantur
esse illi montes, quos primitus uix ascenderamus, iuxta istum
medianum, in quo stabamus, ac si essent illi colliculi. Cum tamen 10
ita infiniti essent, ut non me putarem aliquando altiores uidisse,
nisi quod hic medianus eos nimium praecedebat, Egyptum autem
et Palestinam et mare rubrum et mare illut Parthenicum, quod
mittit Alexandriam, nec non et fines Saracenorum infinitos ita
subter nos inde uidebamus, ut credi uix possit; quae tamen 15
singula nobis illi sancti demonstrabant.

 IV. Completo ergo omni desiderio, quo festinaueramus |
34 ascendere, cepimus iam et descendere ab ipsa summitate montis
Dei, in qua ascenderamus in alio monte, qui ei periunctus est.
Qui loous appellatur in Choreb; ibi enim est ecclesia. Nam hic 20
est locus Choreb, ubi fuit sanctus Helias propheta, qua fugit a
facie Achab regis, ubi ei locutus est Deus dicens: "Quid tu hic
Helias?" sicut scriptum est in libris regnorum. Nam et spelunca,
ubi latuit sanctus Helias, in hodie ibi ostenditur ante hostium
ecclesiae, que ibi est; ostenditur etiam ibi altarium lapideum 25
quem posuit ipse sanctus Helias ad offerendum Deo, sicut et illi
sancti singula nobis ostendere dignabantur. Fecimus ergo et ibi
oblationem et orationem impensissimam, et lectus est ipse locus
de libro regnorum; id enim nobis uel maxime ea desideraueram
semper, ut, ubicumque uenissemus, semper ipse locus de libro 30
legeretur. Facta ergo et ibi oblatione, accessimus denuo ad
alium locum, non longe inde ostendentibus presbyteris uel monachis, id est ad eum locum, ubi steterat sanctus Aaron cum septuaginta senioribus, cum sanctus Moyses acciperet a Domino
legem ad filios Israhel. In eo ergo loco, licet et tectum non sit, 35
tamen petra ingens est per girum habens planitiem supra se, in

qua stetisse dicuntur ipsi sancti. Nam et in medio ibi quasi altarium de lapidibus factum habet. Lectus est ergo et ibi ipse locus de libro Moysi et dictus unus psalmus aptus loco: hac sic facta oratione descendimus inde.

5 Ecce et coepit iam esse hora forsitan octaua, et adhuc nobis superabant milia tria, ut perexiremus montes ipsos quos ingressi fueramus pridie sera; sed non ipsa parte exire habebamus, quia intraueramus, sicut superius dixi, quia necesse nos erat et loca omnia sancta ambulare et monasteria quecumque erant ibi uidere
10 et sic aut uallis illius, quam superius dixi, caput exire, id est huius uallis quae subiacet montis Dei. Propterea autem ad caput ipsius uallis exire nos necesse erat, quoniam ibi erant monasteria plurima sanctorum hominum et ecclesia in eo loco, ubi est rubus: qui rubus usque in hodie uiuet et mittet uirgultas. Ac sic ergo
15 perdescenso monte Dei, peruenimus ad rubum hora forsitan decima. Hic autem rubus, quem superius dixi, de quo locutus est Dominus Moysi in igne, qui est in eo loco ubi monasteria sunt plurima et ecclesia in capite uallis ipsius. Ante ipsam autem ecclesiam hortus est gratissimus ha | bens aquam optimam abun- 35
20 dantem, in quo horto ipse rubus est. Locus etiam ostenditur ibi iuxta, ubi stetit sanctus Moyses, quando ei dixit Deus: "Solue corrigiam calciamenti tui" et cetera. Et in eo ergo loco cum peruenissemus, hora decima erat iam, et ideo quia iam sera erat, oblationem facere non potuimus. Sed facta est oratio in ecclesia,
25 nec non etiam et in horto ad rubum; lectus est etiam locus ipse de libro Moysi iuxta consuetudinem: et sic, quia sera erat, gustauimus nobis locum in horto ante rubum cum sanctis ipsis: ac sic ergo fecimus ibi mansionem. Et alia die maturius uigilantes rogauimus presbyteros ut et ibi fieret oblatio, sicut et facta est.
30 V. Et quoniam nobis iter sic erat, ut per ualle illa media, qua tenditur per longum, iremus, id est illa ualle quam superius dixi, ubi sederant filii Israhel, dum Moyses ascenderet in montem Dei et descenderet. Itaque ergo singula, que ad modum uenimus per ipsam totam uallem, semper nobis sancti illi loca demon-
35 strabant. Nam in primo capite ipsius uallis, ubi manseramus et uideramus rubum illum, de quo locutus est Deus sancto Moysi in

igne, uideramus etiam et illum locum, in quo steterat ante rubum
sanctus Moyses, quando ei dixit Deus : "Solue corrigiam calciamenti tui ; locus enim in quo stas terra sancta est." Ac sic ergo
cetera loca, quemadmodum profecti sumus de rubo, semper nobis
ceperunt ostendere. Nam et monstrauerunt locum, ubi fuerunt 5
castra filiorum Israhel his diebus quibus Moyses fuit in montem.
Monstrauerunt etiam locum, ubi factus est uitulus ille. Nam
in eo loco fixus est usque in hodie lapis grandis. Nos etiam,
quemadmodum ibamus, de contra uidebamus summitatem montis,
que inspiciebat super ipsa ualle tota, de quo loco sanctus Moyses 10
uidit filios Israhel habentes choros his diebus qua fecerant uitu-
lum. Ostenderunt etiam petram ingentem in ipso loco, ubi
descendebat sanctus Moyses cum Jehu filio Naue, ad quem petram
iratus fregit tabulas quas afferebat. Ostenderunt etiam quemadmodum per ipsam uallem unusquisque eorum abitationes habu- 15
erant, de quibus abitationibus usque in hodie adhuc fundamenta
parent, quemadmodum fuerunt lapide girata. Ostenderunt etiam
locum, ubi filios Israhel iussit currere sanctus Moyses de porta
in porta, regressus ad montem. Item ostenderunt nobis locum,
36 ubi incensus est uitulus ipse iubente sancto Moyse, quem | fecerat 20
eis Aaron. Item ostenderunt torrentem illum, de quo portauit
sanctus Moyses filios Israhel, sicut scriptum est in Exodo. Ostenderunt etiam nobis locum, ubi de spiritu Moysi acceperunt septuaginta uiri. Item ostenderunt locum, ubi filii Israhel habuerunt
concupiscentiam escarum. Nam ostenderunt nobis etiam et 25
illum locum, qui appellatus est incendium, quia incensa est quedam pars castrorum : tunc qua orante sancto Moyse cessauit
ignis. Ostenderunt etiam et illum locum, ubi eis pluit manna et
coturnices. Ac sic ergo singula quecumque scripta sunt in
libris sanctis Moysi facta fuisse in eo loco, id est in ea ualle 30
quam dixi subiacere monti Dei, id est sancto Syna, ostensa sunt
nobis : quae quidem omnia singulatim scribere satis fuit, quia
nec retinere poterant tanta. Sed cum leget affectio uestra libros
sanctos Moysi, omnia diligentius peruidet quae ibi facta sunt.
Haec est ergo uallis, ubi celebrata est pascha completo anno pro- 35
fectionis filiorum Israhel de terra Egypti, quoniam in ipsa ualle

Israhel commorati sunt aliquandiu, id est donec sanctus Moyses ascenderet in montem Dei et descenderet primum et iterato. Et denuo tandiu ibi inmorati sunt donec fieret tabernaculum et singula quae ostensa sunt in montem Dei. Nam ostensus est
5 nobis et ille locus, in quo confixus mos esset primitus tabernaculum et perfecta sunt singula quae iusserat Deus in montem Moysi ut fierent. Vidimus etiam in extrema iam ualle ipsa memorias concupiscentiae, in eo tamen loco in quo denuo reuersi sumus ad iter nostrum, hoc est ubi exeuntes de ualle illa grande reingressi
10 sumus uia, qua ueneramus inter montes illos, quos superius dixeram. Nam etiam ipsa die accessimus et ad ceteros monachos ualde sanctos, qui tamen pro etate aut inbecillitate occurrere in monte Dei ad oblationem faciendam non poterant; qui tamen nos dignati sunt in monasteriis suis aduenientes ualde humane sus-
15 cipere. Ac sic ergo uisa loca sancta omnia quae desiderauimus, nec non etiam et omnia loca quae filii Israhel tetigerant eundo uel redeundo ad montem Dei. Visis etiam et sanctis uiris qui ibi commorabantur, in nomine Dei regressi sumus in Faran. Et licet semper Deo in omnibus gratias agere debeam, non dicam in
20 his tantis et talibus quae circa me conferre dignatus est indignam et non merentem, ut perambularem omnia loca, quae mei meriti non erant; tamen etiam et illis omnibus sanctis nec sufficio gratias agere, qui meam paruitatem dignabantur in suis monasteriis libenti animo suscipere, uel certe per omnia loca | deducere, quae 37
25 ego semper iuxta scripturas sanctas requirebam. Plurimi autem ex ipsis sanctis qui in montem Dei uel circa ipsum montem commorabantur dignati sunt nos usque in Faran deducere, qui tamen fortiori corpore erant.

Ac sic ergo cum peruenissemus Faram, quod sunt a monte Dei
30 milia triginta et quinque, necesse nos fuit ibi ad resumendum biduo immorari. Ac tertia die inde maturantes uenimus denuo ad mansionem, id est in desertum Faran, ubi et euntes manseramus, sicut et superius dixi. Inde denuo alia die facientes aquam et euntes adhuc aliquantulum inter montes peruenimus ad man-
35 sionem, quae erat iam super mare, id est in eo loco ubi iam de inter montes exitur et incipitur denuo totum iam iuxta mare

ambulari; sic tamen iuxta mare, ut subito fluctus animalibus
pedes cedat; subito etiam et in centum et in ducentis passus,
aliquotiens etiam et plus quam quingentos passus de mari per
heremum ambuletur: uia enim illic penitus non est, sed totum
heremi sunt arenosae. Faranite autem, qui ibi consueuerunt 5
ambulare cum camelis suis, signa sibi locis et locis ponent; ad
quae signa se tendent et sic ambulant per diem. Nocte autem
signa cameli attendunt. Et quid plura? diligentius et securius
iam in eo loco ex consuetudine Faranitae ambulant nocte quam
aliqui hominum ambulare potest in his locis, ubi uia aperta est. 10
In eo ergo loco de inter montes exiuimus redeuntes, in quo loco
et euntes inter montes intraueramus. Ac sic ergo denuo plicauimus nos ad mare. Filii etiam Israhel reuertentes ad montem
Dei Syna usque ad eum locum [reuersi sunt per iter quod ierant,
id est usque ad eum locum] ubi de inter montes exiuimus 15
et iunximus nos denuo ad mare rubrum et inde nos iam iter
nostrum, quo ueneramus, reuersi sumus. Filii autem Israhel de
eodem loco, sicut scriptum est in libris sancti Moysi, ambulauerunt iter suum. Nos autem eodem itinere et eisdem mansionibus
quibus ieramus reuersi sumus in Clesma. In Clesma antem cum 20
uenissemus, necesse nos fuit denuo et ibi denuo resumere, quoniam iter heremi arenosum ualde feceramus.

VII. Sane licet terra Gesse iam nosse, id est qua primitus ad
Egyptum fueram, tamen ut peruiderem omnia loca, quae filii
Israhel exeuntes de Ramesse tetigerant euntes, donec peruenirent 25
usque ad mare rubrum, qui locus nunc de castro qui ibi est
appellatur Clesma, desiderii ergo fuit ut | de Clesma ad terram
Gesse exiremus, id est ad ciuitatem quae appellatur Arabia; quae
ciuitas in terra Gesse est. Nam inde ipsum territorium sic
appellatur, id est terra Arabiae, terra Iesse; quae tamen terra 30
Egypti pars est, sed melior satis quam omnis Egyptus est. Sunt
ergo a Clesma, id est a mare rubro, usque ad Arabiam ciuitatem
mansiones quattuor per heremo; sic tamen per heremum ut cata
mansiones monasteria sint cum militibus et praepositis, qui nos
deducebant semper de castro ad castrum. In eo ergo itinere 35
sancti qui nobiscum erant, hoc est clerici uel monachi, ostendebant

nobis singula loca, quae semper ego iuxta scripturas requirebam. Nam alia in sinistro, alia in dextro de itinere nobis erant, alia etiam longius de uia, alia in proximo. Nam michi credat uolo affectio uestra, quantum tamen peruidere potui, filios
5 Israhel sic ambulasse, ut quantum irent dextra, tantum reuerterentur sinistra: quantum denuo in ante ibant, tantum denuo retro reuertebantur. Et sic fecerunt ipsum iter, donec peruenirent ad mare rubrum. Nam et Epauleum ostensum est nobis; de contra tamen et Magdalum fuimus. Nam castrum est ibi
10 nunc habens praepositum cum milite, qui ibi nunc praesidet pro disciplina Romana. Nam et nos iuxta consuetudinem deduxerunt inde usque ad aliud castrum et Ioebelsefon ostensum est nobis; immo in eo loco fuimus. Nam ipse est campus supra mare rubrum iuxta latus montis, quem superius dixi, ubi filii Israhel,
15 cum uidissent Egyptios post se uenientes, exclamauerunt, Oton etiam ostensum est nobis, quod est iuxta deserta loca, sicut scriptum est: nec non etiam et Socchoth. Socchoth autem est cliuus modicus in media ualle, iuxta quem colliculum fixerunt castra filii Israhel. Nam hic est locus, ubi accepta est lex paschae. Pithona
20 etiam ciuitas, quam edificauerunt filii Israhel, ostensa est nobis in ipso itinere. In eo tamen loco ubi iam fines Egypti intrauimus, relinquentes iam terras Saracenorum : nam et ipsud nunc Phitona castrum est. Heroum autem ciuitas quae fuit illo tempore, id est ubi occurrit Ioseph patri suo Iacob uenienti, sicut scriptum est
25 in libro Genesis, nunc est comes, sed grandis ; quod nos dicimus uicus. Nam ipse uicus ecclesiam habet et martyria et monasteria plurima sanctorum monachorum ; ad quae singula uidenda necesse nos fuit ibi descendere iuxta consuetudinem quam tenebamus. Nam ipse uicus nunc appellatur Hero ; quae tamen Hero | a 39
30 terra Iesse miliario iam sexto decimo est: nam in finibus Egypti est. Locus autem ipse satis gratus est: nam et pars quedam fluminis Nili ibi currit. Ac sic ergo exeuntes de Hero peruenimus ad ciuitatem, que appellatur Arabia; quae est ciuitas in terra Iesse. Unde scriptum est dixisse Pharaonem ad Ioseph:
35 "In meliori terra Egypti colloca patrem tuum et fratres in terra Iessen, in terra Arabiae."

VIII. De Arabia autem ciuitate quattuor milia passus sunt
Ramessen. Nos autem, ut ueniremus ad mansionem Arabiae, per
media Ramesse transiuimus : quae Ramessen ciuitas nunc campus
est, ita ut nec unam habitationem habeat. Paret sane, quoniam
et ingens fuit per girum et multas fabricas habuit; ruinae enim 5
ipsius, quemadmodum collapsae sunt, in hodie infinitae parent.
Nunc autem ibi nichil aliud est nisi tantum unus lapis ingens
thebeus, in quo sunt duae statuae exclusae ingentes, quas dicunt
esse sanctorum hominum, id est Moysi et Aaron. Nam dicent
eo quod filii Israhel in honore ipsorum eas posuerint. Et est ibi 10
praeterea arbor sicomori, quae dicitur a patriarchis posita esse :
nam iam uetustissima est et ideo permodica est, licet tamen adhuc
fructus afferat. Nam cuicumque in quo moditas fuerit, uadent
ibi et tollent surculos et prode illis est. Hoc autem referente
sancto episcopo de Arabia cognouimus. Nam ipse nobis dixit 15
nomen ipsius arboris, quemadmodum appellant eam grece, id est
dendrosa lethiae, quod nos dicimus arbor ueritatis. Qui tamen
sanctus episcopus nobis Ramessen occurrere dignatus est. Nam
est iam senior uir, uere satis religiosus, ex monacho et affabalis,
suscipiens peregrinos ualde bene. Nam et in scripturis Dei ualde 20
eruditus est. Ipse ergo cum se dignatus fuisset uexare et ibi
nobis occurrere, singula ibi ostendit seu retulit de illa statua,
quas dixi, ut etiam et de illa arbore sicomori. Nam et hoc nobis
ipse sanctus episcopus retulit eo quod Farao, quando uidit quod
filii Israhel dimiserant eum, tunc ille, priusquam post illos occu- 25
paret, isset cum omni exercitu suo intra Ramesse et incendisset
eam omnem, quia infinita erat ualde et inde post filios Israhel
fuisset profectus.

IX. Nobis autem fortuitu hoc gratissimum euenit, ut ea die,
qua uenimus ad mansionem Arabia, pridie beatissimo die epipha- 30
nia esset. Nam eadem die uigiliae agende erant in ecclesia. Ac
sic ergo aliquo biduo ibi tenuit nos sanctus episcopus, sanctus et
uere homo Dei, notus michi iam satis | de eo tempore, a quo ad
Thebaidam fueram. Ipse autem sanctus episcopus ex monacho
est. Nam a pisinno in monasterio nutritus est. Et ideo aut tam 35
eruditus in scripturis est aut tam emendatus in omni uita sua, ut

et superius dixi. Nos autem inde iam remisimus milites, qui nobis pro disciplina Romana auxilia praebuerant, quandiu per loca suspecta ambulaueramus. Iam autem, quo ei iam, ager publicus erat per Egyptum, quod transiebatur per Arabiam ciui-
5 tatem, id est quod mittit de Thebaida in Pelusio; et ideo iam non fuit necesse uexare milites. Proficiscentes ergo inde totum per terram Gessen iter fecimus semper inter uineas quae dant uinum et uineas quae dant balsamum et inter pomaria et agros cultissimos et hortos primos iter habuimus totum super ripam
10 fluminis Nili inter fundos frequentissimos, quae fuerant quondam uillae filiorum Israhel. Et quid plura? pulchriorem territorium puto me nusquam uidisse quam est terra Iessen.

Ac sic ergo ab Arabia ciuitate iter facientes per biduo totum per terram Gessen peruenimus Tatnis, in ea ciuitate ubi natus
15 est sanctus Moyses. Haec est autem ciuitas Tathnis, quae fuit quondam metropolis Pharaonis. Et licet ea loca, ut superius dixi, iam nosse, id est quando Alexandriam uel ad Thebaidem fueram, tamen quia ad plenum discere uolebam loca quae ambulauerunt filii Israhel proficiscentes ex Ramesse usque ad montem
20 Dei sanctum Syna. Ac sic necesse fuit etiam denuo ad terram Gessen reuerti et inde Tathnis. Proficiscentes ergo de Tathnis, ambulans per iter iam notum perueni Pelusio; et inde proficiscens denuo, faciens iter per singulas mansiones Egypti, per quas iter habueramus, perueni ad fines Palestinae, et inde in nomine
25 Christi Dei nostri faciens denuo mansiones aliquod per Palestina regressa sum in Helia, id est in Ierusolimam.

X. Item transacto aliquanto tempore et iubente Deo fuit denuo uoluntas accedendi usque ad Arabiam, id est ad montem Nabau, in eo loco in quo iussit Deus ascendere Moysen, dicens
30 ad eum: "Ascende in montem Arabot, montem Nabau, qui est in terra Moab contra faciem Iericho, et uide terram Chanaan, quam ego do filiis Israhel in possessionem, et morere in monte ipso in quem ascenderis." Itaque ergo Deus noster Iesus, qui sperantes in se non deseret, etiam et in hoc uoluntati meae effectum praestare
35 dignatus est. Proficiscens ergo Ieruso | lima faciens iter cum sanctis, id est presbytero et diaconibus de Ierusolima et fratribus

aliquantis, id est monachis, peruenimus ergo usque ad eum locum
Iordanis, ubi filii Israhel transierant, quando eos sanctus Iesus
filius Naue Iordanem traiecerat, sicut scriptum est in libro Iesu
Naue. Nam et locus ille ostensus est nobis, quasi modice altior,
ubi filii Ruben et Gad et dimidia tribus Manasse fecerant aram, 5
in ea parte ripae, qua est Iericho. Transeuntes ergo fluuium
peruenimus ad ciuitatem, qui appellatur Libiada, quae est in eo
campo, in quo tunc filii Israhel castra fixerant. Nam et fundamenta de castris filiorum Israhel et habitationibus ipsorum, ubi
commorati sunt, in eo loco in hodie parent. Campus enim ipse 10
est infinitus subter montes Arabiae super Iordanem. Nam hic est
locus, de quo scriptum est: "Et plorauerunt filii Israhel Moysen
in Arabot Moab et Iordane contra Iericho quadraginta diebus."
Hic etiam locus est ubi post recessum Moysi statim Iesus filius
Naue repletus est spiritu scientiae. Imposuerat enim Moyses 15
manus suas super eum, sicut scriptum est. Nam ipse est locus,
ubi scripsit Moyses librum Deuteronomii: hic etiam est locus,
ubi locutus est Moyses in aures totius ecclesiae Israhel uerba
cantici usque in finem huius, qui scriptus est in libro Deuteronomii. Hic est ipse locus, ubi benedixit sanctus Moyses homo de 20
filio Israhel singulatim per ordinem ante obitum suum. Nos
ergo cum uenissemus in eodem campo, peraccessimus ad locum
ipsum, et facta est ibi oratio; lecta etiam pars quedam Deuteronomii in eo loco, nec non etiam et canticus ipsius, sed et bene-
dictiones quas dixerat super filios Israhel, et iterato post lectione 25
facta est oratio, et gratias Deo agentes mouimus inde. Id enim
nobis semper consuetudinis erat, ut ubicumque ad loca desiderata
accedere uolebamus, primum ibi fieret oratio, deinde legeretur
lectio ipsa de codice, diceretur etiam psalmus unus pertinens ad
rem, et iterato fieret oratio ibi. Hanc ergo consuetudinem iubente 30
Deo semper tenuimus, ubicumque ad loca desiderata potuimus
peruenire. Ac sic ergo, ut ceptum opus perficeretur, cepimus
festinare, ut perueniremus ad montem Nabau. Euntibus nobis
commonuit presbyter loci ipsius, id est de Libiadae, quae ipsum
nobiscum rogantes moueramus de mansione, quia melius ipsa 35
loca nouerat. Dicit ergo nobis ipse presbyter: "Si uultis uidere

aquam, quae fluit de petra, id est quam dedit Moyses filiis Israhel sitientibus, potestis uidere; si tamen uolueritis laborem uobis imponere ut de uia camsemus | forsitan miliario sexto." Quod 42 cum dixisset, nos satis auidi optati sumus ire, et statim diuertentes
5 a uia secuti sumus presbyterum, qui nos ducebat. In eo ergo loco ecclesia est pisinna subter montem, non Nabau, sed alterum interiorem: sed nec ipse longe est de Nabau. Monachi autem plurimi commanent ibi uere sancti et quos hic ascites uocant.

XI. Hi ergo sancti monachi dignati sunt nos suscipere ualde
10 humane. Nam et ad salutationem suam permiserunt nos ingredi. Cum autem ingressi fuissemus ad eos, facta oratione cum ipsis, eulogias nobis dare dignati sunt, sicut habent consuetudinem dandi his quos humane suscipiunt. Ibi ergo inter ecclesiam et monasteria in medio fluit de petra aqua ingens pulchra ualde et
15 limpida, soporis optimi. Tunc interrogauimus nos etiam et illos sanctos monachos, qui ibi manebant, quae esset haec aqua talis et tanti saporis. Tunc illi dixerunt: "Haec est aqua quam dedit sanctus Moyses filiis Israhel in hac heremo." Facta est ergo iuxta consuetudinem ibi oratio et lectio ipsa de libris Moysi lecta,
20 dictus etiam psalmus unus; et sic simul cum illis sanctis clericis et monachis, qui nobiscum uenerant, perexiuimus ad montem. Multi autem et ex ipsis monachis sanctis, qui ibi commanebant iuxta aqua ipsa, qui tamen potuerunt imponere sibi laborem, dignati sunt nobiscum ascendere montem Nabau. Itaque ergo pro-
25 ficiscentes de eodem loco peruenimus ad radicem montis Nabau, qui erat ualde excelsus, ita tamen ut pars eius maxima sedendo in asellis possit subiri; modice autem erat acrius, quod pedibus necesse erat subiri cum labore, sicut et factum est.

XII. Peruenimus ergo ad summitatem montis illius, ubi est
30 nunc ecclesia non grandis in ipsa summitate montis Nabau; intra quam ecclesiam in eo loco, ubi pulpitus est, uidi locum modice quasi altiorem tantum hispatii habentem, quantum memoriae solent habere. Tunc ergo interrogaui illos sanctos, quidnam esset hoc; qui responderunt: "Hic positus est sanctus Moyses ab angelis,
35 quoniam sicut scriptum est, sepulturam illius nullus hominum scit; quoniam certum est eum ab angelis fuisse sepultum. Nam

memoria illius, ubi positus sit, in hodie non ostenditur; sicut enim nobis a maioribus, qui hic manserunt, ubi ostensum est, ita et nos uobis monstramus: qui et ipsi tamen maiores ita sibi traditum a maioribus suis | esse dicebant." Itaque ergo mox facta est oratio, et omnia quae in singulis locis sanctis per ordinem consueueramus facere etiam et hic facta sunt: et sic cepimus egredere de ecclesia. Tunc autem qui erant loci notores, id est presbyteri uel monachi sancti, dixerunt nobis: "Si uultis uidere loca, quae scripta sunt in libris Moysi, accedite foras hostium ecclesiae et de summitate ipsa, ex parte tamen ut possunt hinc parere attendite et uidete. Et dicimus uobis singula, quae sunt loca haec quae parent." Tunc nos gauisi satis statim egressi sumus foras. Nam de hostio ipsius ecclesiae uidimus locum, ubi intrat Iordanis in mare mortuum; qui locus subter nos, quemadmodum stabamus, parebat. Vidimus etiam de contra non solum Libiadam, quae circa Iordanem erat, sed et Iericho, que trans Iordanem tantum eminerat excelsus locus, ubi stabamus, id est ante hostium ecclesiae. Maxima etiam pars Palestinae, quae est terra repromissionis, inde uidebatur, nec non et omnis terra Iordanis, in quantum tamen poterat oculis conspici. In sinistra autem parte uidimus terras Sodomitum omnes nec non et Segor; quae tamen Segor sola de illis quinque in hodie constat. Nam et memoriale ibi est: de ceteris autem illis ciuitatibus nichil aliud apparet nisi subuersio ruinarum, quemadmodum in cinerem conuerse sunt. Locus etiam, ubi fuit titulus uxoris Loth, ostensus est nobis; qui locus etiam in scripturis legitur. Sed michi credite, domine uenerabiles, quia columna ipsa iam non paret: locus autem ipse tantum ostenditur. Columna autem ipsa dicitur mari mortuo fuisse quooperta. Certe locum [*cum*] uideremus, columnam nullam uidimus, et ideo fallere uos super hanc rem non possum. Nam episcopus loci ipsius, id est de Segor, dixit nobis quoniam iam aliquot anni essent, a quo non pareret columna illa. Nam de Segor forsitan sexto miliario ipse locus ubi stetit columna illa, quod nunc totum cooperit aqua. Item de dextra parte ecclesiae, a foras tamen, accessimus et ostense sunt nobis inde a contra duae ciuitates, id est Esebon, quae fuit regis Seon

regis Amorreorum, quae nunc appellatur Exebon, et alia Og regis
Basan, quae nunc dicitur Sasdra. Item de eodem loco ostensa
est nobis a contra Fogor, quae fuit | ciuitas regni Edom. Hae 44
autem ciuitates omnes quas uidebamus in montibus erant positae.
5 Infra autem modice deorsum planior locus nobis uidebatur. Tunc
dictum est nobis, quia in isdem diebus, qua sanctus Moyses uel
filii Israhel contra illas ciuitates pugnauerant, castra ibi fixa
habuissent. Nam et signa ibi parebant castrorum. Sane illa
parte montis, quam dixi sinistra, quae erat super mare mortuum,
10 ostensus est nobis mons praecisus ualde, qui dictus est ante Agri-
secula. Hic est mons, in quo posuit Balac filius Beor Balaam
diuinum ad maledicendos filios Israhel, et noluit Deus ita per-
mittere, sicut scriptum est. Ac sic ergo uisis omnibus, quae
desiderabamus, in nomine Dei reuertentes per Iericho et iter
15 omne, quod iueramus, regressi sumus in Ierusolimam.

XIII. Item post aliquantum tempus uolui ad regionem Ausi-
tidem accedere propter uisendam memoriam sancti Iob gratia
orationis. Multos enim sanctos monachos uidebam inde uenientes
in Ierusolimam ad uisenda loca sancta gratia orationis. Qui sin-
20 gula referentes de eisdem locis fecerunt magis desiderium impo-
nendi michi laboris, ut etiam usque ad illa loca accederem; si
tamen labor dici potest, ubi homo desiderium suum compleri
uidet. Itaque ergo profecta sum de Ierusolima cum sanctis, qui
tamen dignati sunt itineri meo comitatum praestare, et ipsi tamen
25 gratia orationis. Habens ergo iter ab Ierusolima usque ad
Carneas eundo per mansiones octo (Carneas autem dicitur nunc
ciuitas Iob, quae ante dicta est Dennaba in terra Ausitidi, in
finibus Idumeae et Arabiae) in quo itinere hiens uidi super
ripam Iordanis fluminis uallem pulchram satis et amenam, habun-
30 dantem uineis et arboribus, quoniam aquae multe ibi erant et
optimae satis. Nam in ea ualle uicus erat grandis, qui appellatur
nunc Sedima. In eo ergo uico, qui est in media planitie positus,
in medio loco est monticulus non satis grandis, sed factus sicut
solent esse tumbae sed grandis: ibi ergo in summo ecclesia est
35 et deorsum per girum ipsius colliculi parent fundamenta grandia
antiqua. Nunc autem in ipso uico turbae aliquantae commanent.

Ego autem cum uiderem locum tam gratum, requisiui, quisnam locus esset ille tam amenus. Tunc dictum est michi: "Haec est ciuitas regis Melchis, et haec quae dicta est ante Salem, unde nunc corrupto sermone Sedima appellatur ipse uicus. Nam in isto colliculo, | qui est medio uico positus, in summitatem ipsius fabricam, quam uides, ecclesia est. Quae ecclesia nunc appellatur greco sermone opumelchis. Et haec nam hic est locus, ubi optulit Melchisedech hostias Deo puras, id est panes et uinum, sicut scriptum est eum fecisse."

XIV. Statim ergo ut haec audiui, descendimus de animalibus, et ecce occurrere dignatus est sanctus presbyter ipsius loci et clerici, qui nos statim suscipientes duxerunt suso ad ecclesiam. Ubi cum uenissemus, statim iuxta consuetudinem primum facta est oratio, deinde lectus est ipse locus de libro sancti Moysi, dictus est etiam psalmus unus competens loco ipsi, et denuo facta oratione descendimus. Cum ergo descendissemus, ait nobis ille sanctus presbyter iam senior et de scripturis bene instructus, id est qui ipsi loco praeerat ex monacho, cui presbytero et episcopi plurimi, quantum postmodum cognouimus, uitae ipsius testimonium grande ferebant. Nam hoc de ipso dicebant, dignus qui praesit in hoc loco, ubi sanctus Melchisedech aduenientem sanctum Abraam hostias Deo puras primus optulit. Cum ergo descendissemus, ut superius dixi, de ecclesia deorsum, ait nobis ipse sanctus presbyter: "Ecce ista fundamenta in giro colliculo isto, quae uidetis, hae sunt de palatio Melchisedech regis. Nam inde adhuc sic si quis subito iuxta sibi uult facere domum et fundamenta inde contingent, aliquotiens et de argento et heramento modica frustella ibi inuenit. Nam et certa uia, quam uidetis transire inter fluuium Iordanem et uicum istum, haec est qua uia regressus est sanctus Abraam de cede quod Ollagomor regis gentium reuertens in Sodomis, qua ei occurrit sanctus Melchisedech rex Salem."

XV. Tunc ergo quia retinebam scriptum esse baptizasse sanctum Iohannem in Enon iuxta Salim, requisiui de eo, quam longe esset ipse locus. Tunc ait ille sanctus presbyter: "Ecce hic est in ducentis passibus. Nam si uis, ecce modo pedibus duco uos

ibi. Nam haec aqua tam grandis et tam pura, quam uidetis in isto uico, de ipso fonte uenit." Tunc ergo gratias ei agere coepi et rogare, ut duceret nos ad locum, sicut et factum est. Statim ergo cepimus ire cum eo pedibus totum per uallem amenissimam,
5 donec perueniremus usque ad hortum pomarium ualde amenum, ubi ostendit nobis in medio fontem aquae optime satis et pure, quia semel integrum fluuium dimittebat: habebat autem ante se ipse·fons quasi lacum, ubi parebat fuisse operatum sanctum Iohannem baptistam. Tunc dixit nobis ipse sanctus presbyter:
10 "In hodie hic hortus aliter non appellatur | greco sermone nisi 46 copos tu agiu Iohanni, id est quod uos dicitis latine hortus sancti Iohannis." Nam et multi fratres sancti monachi de diuersis locis uenientes tendunt se, ut lauentur in eo loco. Denuo ergo et ad ipsum fontem, sicut et in singulis locis, facta est oratio et lecta
15 est ipsa lectio; dictus etiam psalmus competens, et singula, quae consuetudinis nobis erant facere, ubicumque ad loca sancta ueniebamus, ita et ibi fecimus. Illud etiam presbyter sanctus dixit nobis eo quod usque in hodierna die semper cata pascha quicumque essent baptizandi in ipso uico, id est in ecclesia, quae
20 appellatur opu Melchisedech, omnes in ipso fonte baptizarentur; sic redirent mature ad candelas cum clericis et monachis dicendo psalmos uel antiphonas et sic a fonte usque ad ecclesiam sancti Melchisedech deducerentur mature omnes, qui fuissent baptizati. Nos ergo accipientes de 'presbytero eulogias, id est de pomario
25 sancti Iohannis baptistae, similiter et de sanctis monachis, qui ibi monasteria habebant in ipso horto pomario, et gratias semper Deo agentes profecti sumus iter nostrum quo ibamus.

XVI. Ac sic ergo euntes aliquandiu per uallem Iordianis super ripam fluminis ipsius, quia ibi nobis iter erat aliquandiu,
30 ad subito uidimus ciuitatem sancti prophetae Heliae, id est Thesbe, unde ille habuit nomen Helias Thesbites. Inibi est ergo usque in hodie spelunca, in qua sedit ipse sanctus, et ibi est memoria sancti Gethe, cuius nomen in libris Iudicum legimus. Ac sic ergo et ibi gratias Deo agentes iuxta consuetudinem per-
35 exiuimus iter nostrum. Item euntes in eo in eo itinere uidimus uallem de sinistro nobis uenientem amenissimam, quae uallis erat

ingens mittens torrentem in Iordánem infinitum. Et ibi in ipsa
ualle uidimus monasterium cuiusdam fratris, nunc id est monachi.
Tunc ego, ut sum satis curiosa, requirere cepi, quae esset haec
uallis, ubi sanctus monachus nunc monasterium sibi fecisset; non
enim putabam hoc sine causa esse. Tunc dixerunt nobis sancti, 5
qui nobiscum iter faciebant, id est loci notores: "Haec est uallis
Corra, ubi sedit sanctus Helias Thesbites temporibus Achab regis,
qua famis fuit, et iusso Dei corui escam portabat, et de eo·tor-
rentem aquam bibebat. Nam hic torrens, quem uides de ipsa
ualle percurrentem in Iordanem, hic est Corra." Ac sic ergo 10
nichilominus Deo gratias agentes, qui nobis non merentibus singula, quae desiderabamus, dignabatur ostendere, itaque ergo ire
cepimus iter nostrum sicut singulis diebus. Ac sic ergo facientes iter singulis diebus ad subito de latere sinistro, unde e contra
partes Fenicis uidebamus, apparuit nobis mons ingens et altus 15
infinitum, qui tendebatur

Deest unum folium

47 qui sanctus monachus uir ascitis necesse habuit post tot annos,
quibus sedebat in heremum, mouere se et descendere ad ciuitatem
Carneas, ut commoneret episcopum uel clericos temporis ipsius, 20
iuxta quod ei fuerat reuelatum, ut foderent in eo loco, qui ei
fuerat ostensus, sicut et factum est. Qui fodientes in eo loco,
qui ostensus fuerat, inuenerunt speluncam, quam sequentes fuerunt forsitan per passus centum. Quo et subito fodientibus illis
adparuit lapis, quem lapidem cum perdiscoperuissent, inuenerunt 25
sculptum in coperculo ipsius Iob: qui Iob ad tunc in eo loco facta
est ista ecclesia, quam uidetis, ita tamen ut lapis cum corpore non
moueretur in alio loco, sed ibi, ubi inuentum fuerat corpus, positum esset, et ut corpus subter altarium iaceret. Illa autem ecclesia,
quam tribunus nescio qui faciebat, sic fuit inperfecta usque in 30
hodie. Ac sic ergo nos alia die mane rogauimus episcopum, ut
faceret oblationem, sicut et faceret dignatus est; et benedicens
nos episcopus profecti sumus. Communicantes ergo et ibi
gratias agentes Deo semper regressi sumus in Ierusolimam,

iter facientes per singulas mansiones, per quas ieramus tres annos.

XVII. Item in nomine Dei, transacto aliquanto tempore, cum iam tres anni pleni essent, a quo in Ierusolimam uenisse; uisis
5 etiam omnibus locis sanctis, ad quos orationis gratiam me tenderam; et ideo iam reuertendi ad patriam animus esset; uolui iubente Deo, ut et ad Mesopotamiam Syriae accedere ad uisendos sanctos monachos, qui ibi plurimi et tam eximiae uitae esse dicebantur, ut uix referri possit; nec non etiam et gratia orationis
10 ad martyrium sancti Thomae apostoli, ubi corpus illius integrum positum est, id est apud Edessam, quem se illuc missurum postea quam in caelis ascendisset, Deus noster Iesus testatus est per epistolam, quam ad Aggarum regem per Ananiam cursorem misit, quoque epistolam cum grandi reuerentia apud Edessam ciui-
15 tatem, ubi est ipsud martyrium, custoditur. Nam michi credat uolo affectio uestra, quoniam nullus christianorum est qui non se tendat illuc gratia orationis, quicumque tamen usque ad loca sancta, id est in Ierusolimis accesserit. Et hic locus de Ierusolima uicesima et quinta mansione est. Et quoniam de Anthiocia
20 propius est Mesopotamiam, fuit michi iubente Deo oportunum satis, ut quemadmodum reuertebar Constantinopolim, quia per Anthiociam iter erat, inde ad Mesopotamiam irem, sicut et factum est Deo iubente.

XVIII. Itaque ergo in nomine Christi Dei nostri profecta 48
25 sum de Antiochia ad Mesopotamiam habens iter per mansiones seu ciuitates aliquot prouinciae Sirie Celen, quae est Anthiociae, et inde ingressa fines prouinciae Augustofratensis perueni ad ciuitatem Gerapolim, quae est metropolis ipsius prouinciae, id est Augustofratensis. Et quoniam haec ciuitas ualde pulchra et
30 opulenta est atque abundans omnibus, necesse me fuit ibi facere statiuam, quoniam iam inde non longe erant fines Mesopotamiae. Itaque ergo proficiscens de Ierapolim in quintodecimo miliario in nomine Dei perueni ad fluuium Eufraten, de quo satis bene scriptum est esse flumen magnum Eufraten et ingens et quasi
35 terribilis est; ita enim decurrit habens impetum, sicut habet fluuius Rodanus, nisi quod adhuc maior est Eufrates. Itaque ergo

quoniam necesse erat eum nauibus transire, et nauibus non nisi
maioribus, ac sic immorata sum ibi forsitan plus media die; et
inde in nomine Dei transito flumine Eufraten, ingressa sum fines
Mesopotamiae Siriae.

XIX. Ac sic denuo faciens iter per mansiones aliquot perueni 5
ad ciuitatem, cuius nomen in scripturis positum legimus, id est
Batanis, quae ciuitas usque in hodie est. Nam et ecclesia cum
episcopo uere sancto et monacho et confessore habet et martyria
aliquanta. Ipsa etiam ciuitas habundans multitudine hominum
est; nam et miles ibi sedet cum tribuno suo. Unde denuo pro- 10
ficiscens, peruenimus in nomine Christi Dei nostri Edessam.
Ubi cum peruenissemus, statim perreximus ad ecclesiam et ad
martyrium sancti Thomae. Itaque ergo iuxta consuetudinem
factis orationibus et cetera, quae consuetudo erat fieri in locis
sanctis, nec non etiam et aliquanta ipsius sancti Thomae ibi legi- 15
mus. Ecclesia autem, ibi que est, ingens et ualde pulchra et
noua dispositione, ut uere digna est esse domus Dei: et quoniam
multa erant, quae ibi desiderabam uidere, necesse me fuit ibi
statiua triduana facere. Ac sic ergo uidi in eadem ciuitatem
martyria plurima nec non et sanctos monachos, commanentes alios 20
per martyria, alios longius de ciuitate in secretioribus locis habentes monasteria. Et quoniam sanctus episcopus ipsius ciuitatis,
uir uere religiosus et monachus et confessor, suscipiens me libenter ait michi: "Quoniam uideo te, filia, gratia religionis tam
magnum laborem tibi imposuisse, ut de extremis porro terris 25
49 uenires ad haec loca, itaque ergo, | si libenter habes, quaecum-
que loca sunt hic grata ad uidendum christianis, ostendimus
tibi." Tunc ergo gratias agens Deo primum et sic ipsum rogaui
plurimum, ut dignaretur facere quod dicebat. Itaque ergo duxit
me primum ad palatium Aggari regis et ibi ostendit michi archi- 30
otepam ipsius ingens simillimam, ut ipsi dicebant, marmoream,
tanti nitoris ac si de margarita esset; in cuius Aggari uultu
parebat de contra uere fuisse hunc uirum satis sapientem et hono-
ratum. Tunc ait michi sanctus episcopus: "Ecce rex Aggarus,
qui antequam uideret Deum, credidit ei, quia esset uere filius 35
Dei." Nam erat et iuxta archiotipa similiter de tali marmore

facta, quam dixit filii ipsius esse Magni, similiter et ipsa habens
aliquid gratiae in uultu. Item perintrauimus in interiori parte
palatii; et ibi erant fontes piscibus pleni, quale ego adhuc nunquam uidi, id est tantae magnitudinis et uel tam perlustres aut
5 tam boni saporis. Nam ipsa ciuitas aliam aquam penitus non
habet nunc nisi eam, quae de palatio exit, quae est ac sic fluuius
ingens argenteus. Et tunc retulit michi de ipsa aqua sic sanctus
episcopus dicens: "Quodam tempore, postea quam scripserat
Aggarus rex ad Dominum et Dominus rescripserat Aggaro per
10 Ananiam cursorem, sicut scriptum est in ipsa epistola: transacto
ergo aliquanto tempore superueniunt Persi et girant ciuitatem
istam. Sed statim Aggarus epistolam Domini ferens ad portam
cum omni exercitu suo publice orauit. Et post dixit: 'Domine
Iesu, tu promiseras nobis ne aliquis hostium ingrederetur ciuita-
15 tem istam et ecce nunc Persae inpugnant nos.' Quod cum dix-
isset tenens manibus leuatis epistolam ipsam apertam rex, ad
subito tantae tenebrae factae sunt foras ciuitatem, tamen ante
oculos Persarum, cum iam prope plicarent ciuitati, ita ut usque
tertium miliarium de ciuitate essent, sed ita mox tenebris turbati
20 sunt, ut uix castra ponerent et pergirarent in miliario tertio totam
ciuitatem. Ita autem turbati sunt Persae, ut nunquam uiderent
postea, qua parte in ciuitate ingrederentur, sed custodirent ciuitatem per giro clusam hostibus in miliario tamen tertio, quam
tamen custodierunt mensibus aliquod. Postmodum autem, cum
25 uiderent se nullo modo posse ingredi in ciuitatem, uoluerunt siti
eos occidere, qui in ciuitate erant. Nam monticulum istum, quem
uides, filia, super ciuitate hac, in illo tempore ipse huic | ciuitati 50
aquam ministrabat. Tunc uidentes hoc Persae auerterunt ipsam
aquam a ciuitate et fecerunt ei decursum contra ipso loco, ubi
30 ipsi castra posita habebant. In ea ergo die et in ea hora, qua
auerterant Persae aquam, statim hii fontes, quos uides in eo loco,
iusso Dei a semel eruperunt: ex ea die hi fontes usque in hodie
permanent hic gratia Dei. Illa autem aqua, quam Persae auerterant, ita siccata est in ea hora, ut nec ipsi haberent uel una die
35 quod biberent, qui obsedebant ciuitatem, sicut tamen et usque in
hodie apparet. Nam postea nunquam nec qualiscumque humor

ibi apparuit usque in hodie. Ac sic iubente Deo, qui hoc promiserat futurum, necesse fuit eos statim reuerti ad sua, id est in Persida. Nam et postmodum quotienscumque uoluerunt uenire et expugnare hanc ciuitatem hostes, haec epistola prolata est et lecta est in porta, et statim nutu Dei expulsi sunt omnes hostes." 5
Illud etiam retulit sanctus episcopus eo quod hii fontes ubi e rupe ierunt, ante sic fuerit campus intra ciuitatem subiacens palatio Aggari. Quod palatium Aggari, quasi in editiori loco positum erat, sicut et nunc paret, ut uides. Nam consuetudo talis erat in illo tempore, ut palatia quotiensque fabricabantur semper 10 in editioribus locis fierent. Sed postmodum quam hii fontes in eo loco eruperunt, tunc ipse Aggarus filio suo Magno, id est isti, cuius archiotipa uides iuxta parte posita, hoc palatium fecit in eo loco, ita tamen ut hii fontes intra palatium includerentur.

Postea ergo quam haec omnia retulit sanctus episcopus, ait ad 15 me: "Eamus nunc ad portam, per quam ingressus est Ananias cursor cum illa epistola quam dixeram." Cum ergo uenissemus ad portam ipsam, stans episcopus fecit orationem et legit nobis ibi ipsas epistolas et denuo benedicens nos facta est iterato oratio. Illud etiam retulit nobis sanctus ipse dicens, eo quod ex ea die, 20 qua Ananias cursor per ipsam portam ingressus est cum epistolam Domini usque in praesentem diem, custodiatur, ne quis immundus, ne quis lugubris per ipsam portam transeat, sed nec corpus alicuius mortui eiciatur per ipsam portam. Ostendit etiam nobis sanctus episcopus memoriam Aggari uel totius familiae ipsius ualde pul- 25 chra, sed facta more antiquo. Duxit etiam nos et ad illum palatium superiorem, quod habuerat primitus rex Aggarus, et si qua praeterea loca erant, monstrauit nobis. Illud etiam satis michi grato fuit, ut epistolas ipsas siue Aggari ad Dominum siue Domini ad Aggarum, quas nobis ibi legerat sanctus episcopus, acciperem 30 michi ab ipso sancto. Et licet in patria exemplaria ipsarum haberem, tamen gratius michi uisum est, ut et ibi eas de | ipso acciperem, ne quid forsitan minus ad nos in patria peruenisset. Nam uere amplius est, quod hic accepi. Unde si Deus noster Iesus iusserit et uenero in patria, legi si uos, dominae animae 35 meae.

XX. Ac sic ergo facto ibi triduano, necesse me fuit adhuc in ante accedere usque ad Carris, quia modo sic dicitur. Nam in scripturis sanctis dicta est Carra, ubi mortuus est sanctus Abraam, sicut scriptum est in Genesi, dicente Domino ad Abraam : "Exi
5 de terra tua et de domo patris tui et uade in Charram" et reliqua. Ergo cum uenissem, id est in Charra, ibi statim fui ad ecclesiam, quae est intra ciuitate ipsa, uidi etiam mox episcopum loci ipsius uere sanctum et hominem Dei et ipsum et monachum et confessorem; qui mox nobis omnia loca ibi ostendere dignatus est, quae
10 desiderabamus. Nam duxit nos statim ad ecclesiam, quae est foras ciuitatem in eo loco, ubi fuit domus sancti Abrahae, id est in ipsis fundamentis et de ipso lapide, ut tamen dicebat sanctus episcopus. Cum ergo uenissemus in ipsa ecclesia, facta est oratio et lectus ipse locus de Genesi ; dictus etiam unus psalmus, et
15 iterata oratione et sic benedicens nos episcopus, egressi sumus foras. Item dignatus est nos ducere ad puteum illum, unde portabat aquam sancta Rebecca. Et ait nobis sanctus episcopus: "Ecce puteus unde portauit sancta Rebecca camelos pueri sancti Abrahae, id est Eleazari." Et singula ita nobis dignabatur ostende-
20 re. Nam ecclesia, quam dixi foras ciuitatem, dominae sorores uenerabiles, ubi fuit primitus domus Abrahae, nunc et martyrium ibi positum est, id est sancti cuiusdam monachi nomine Helpidi. Hoc autem nobis satis gratum euenit, ut pridie martyrium die ibi ueniremus, id est sancti ipsius Helpidii, nono k. maias: ad quam
25 diem necesse fuit undique et de omnibus Mesopotamiae finibus omnes monachos in Charra descendere, etiam et illos maiores, qui in solitudine sedebant, quos ascites uocant, per diem ipsum, qui ibi satis grandiiter attenditur, et propter memoriam sancti Abrahae, quia domus ipsius fuit, ubi nunc ecclesia est, in qua positum
30 est corpus ipsius sancti martyris. Itaque ergo hoc nobis ultra spem grate satis euenit, ut sanctos et uere homines Dei monachos Mesopotamenos ibi uideremus, etiam et eos, quorum fama uel uita longe audiebatur, quos tamen non aestimabam me penitus posse uidere. Non quia inpossibile esset Deo etiam et hoc praestare
35 michi, qui omnia praestare dignabatur, sed quia audieram eos, eo quod extra diem Paschae et extra diem hanc, non eos descendere

de locis suis, quoniam tales sunt ut et uirtutes faciant multas, et
52 quoniam nesciebam, quo mense | esset dies hic martyrii, quem
dixi. Itaque Deo iubente sic euenit, ut ad diem, quem nec spera-
bam, ibi uenirem. Fecimus ergo et ibi biduum propter diem
martyrii et propter uisionem sanctorum illorum, qui dignati sunt 5
ad salutandum libenti satis animo me suscipere et alloqui, in quo
ego non merebar. Nam et ipsi statim post martyrum diem nec
uisi sunt ibi, sed mox de nocte petierunt heremum et unus quisque eorum monasteria sua, qui ubi habebat. In ipsa autem ciuitatem extra paucos clericos et sanctos monachos, si qui tamen in 10
ciuitate commorantur, penitus nullum christianum inueni, sed
totum gentes sunt. Nam sicut nos cum grandi reuerentia attendimus locum illum, ubi primitus domus sancti Abrahae fuit, pro
memoria illius; ita et illae gentes forte ad mille passus de ciuitate
cum grandi reuerentia adtendunt locum, ubi sunt memoriae Naor 15
et Bathuhelis. Et quoniam episcopus illius ciuitatis ualde instructus et de scripturis, requisiui ab eo dicens: "Rogo te, domine, ut
dicas michi quod desidero audire." Et ille ait: "Dic, filia, quod
uis, et dicam tibi, si scio." Tunc ego dixi: "Sanctum Abraam
cum patre Thara et Sarra uxore et Loth fratris filio scio per 20
scripturas in eo loco uenisse; Naor autem uel Bathuhelem non
legi, quando in isto loco transierint, nisi quod hoc solum scio,
quia postmodum puer Abraae, ut peteret Rebeccam filiam Bathuhelis filii Nachor filio domini sui Abraae, id est Ysaac, in Charra
uenerit." Tunc ait michi sanctus episcopus: "Vere, filia, scriptum 25
est, sicut dicis, in Genesi sanctum Abraam hic transisse cum suis;
Nachor autem cum suis uel Bathuhelem non dicit scriptura canonis,
quo tempore transierint. Sed manifeste postmodum hic transierunt et ipsi; denique et memoriae illorum hic sunt forte ad mille
passus de ciuitate. Nam uere scriptura hoc testatur, quoniam ad 30
accipiendam sanctam Rebeccam huc uenerit puer sancti Abraae
et denuo sanctus Iacob hic uenerit, quando accepit filias Laban
Syri." Tunc ego requisiui ubi esset puteus ille, ubi sanctus
Iacob potasset pecora, quae pascebat Rachel filia Laban Siri; et
ait michi episcopus: "In sexto miliario est hinc locus ipse iuxta 35
uicum, qui fuit tunc uilla Laban Siri, sed cum uolueris ire, imus

tecum et ostendimus tibi. Nam et multi monachi ibi sunt ualde
sancti et ascites et sancta ecclesia est ibi." Illud etiam requisiui
a sancto episcopo, ubinam esset locus ille Chaldeorum, ubi habi-
tauerant primo Thara cum suis. Tunc | ait michi ipse sanctus 53
5 episcopus: "Locus ille, filia, quem requiris, decima mansione
est hinc intus in Persida. Nam hinc usque ad Nisibin mansiones
sunt quinque et inde usque ad Hur, quae fuit ciuitas Chaldeorum
aliae mansiones sunt quinque; sed modo ibi accessus Romanorum
non est; totum enim illud Persae tenent. Haec autem pars
10 specialiter orientalis appellatur, quae est in confinium Romanorum et Persarum uel Chaldeorum." Et cetera plura referre dignatus est, sicut et ceteri sancti episcopi uel sancti monachi facere
dignabantur; omnia tamen de scripturis Dei uel sanctis uiris
gesta, id est monachis, siue qui iam recesserant, quae mirabilia
15 fecerint, siue etiam qui adhuc in corpore sunt, quae cotidie faciant, hi tamen qui sunt ascites. Nam nolo estimet affectio uestra
monachorum aliquando aliquando alias fabulas esse, nisi aut de
scripturis Dei, aut gesta monachorum maiorum.

XXI. Post biduo autem quam ibi feceram, duxit nos episco-
20 pus ad puteum illum, ubi adaquauerat sanctus Iacob pecora
sancte Rachel, qui puteus sexto miliario est a Charris. In cuius
putei honorem fabricata est ibi iuxta sancta ecclesia ingens ualde
et pulchra. Ad quem puteum cum uenissemus, facta est ab episcopo oratio; lectus etiam locus ipse de Genesi, dictus etiam
25 unus psalmus competens loco atque iterata oratione, benedixit nos
episcopus. Vidimus etiam locum iuxta puteum iacente lapipem
illum infinitum nimis, quem mouerat sanctus Iacob a puteo, qui
usque hodie ostenditur. Ibi autem circa puteo nulli alii commanent nisi clerici de ipsa ecclesia, quae ibi est, et monachi haben-
30 tes iuxta monasteria sua, quorum uitam sanctus episcopus nobis
retulit, sed uere inauditam. Ac sic ergo facta oratione in aecclesia, accessi cum episcopo ad sanctos monachos per monasteria
ipsorum et Deo gratias agens et ipsis qui dignati sunt me per
monasteria sua, ubicumque ingressa sum, libenti animo suscipere
35 et alloqui illis sermonibus, quos dignum erat de ore illorum procedere. Nam et eulogias dignati sunt dare michi et omnibus qui

mecum erant, sicut est consuetudo monachis dare, his tamen quos
libenti animo suscipiunt in monasteriis suis. Et quoniam ipse
locus in campo grandi est, de contra ostensus est michi a sancto
episcopo uicus ingens satis forte ad quingentos passos de puteo,
per quem uicum iter habuimus. Hic autem uicus, quantum 5
episcopus dicebat, fuit quondam uilla Laban Siri, qui uicus
appellatur Fadana. Nam ostensa est michi in ipso uico memoria.
54 Laban Siri, | soceri Iacob. Ostensus est etiam michi locus,
unde furata est Rachel idola patris sui. · Ac sic ergo in nomine
Dei peruisis omnibus, faciens uale sancto episcopo et sanctis 10
monachis, qui nos usque ad illum locum deducere dignati fuerant, regressi sumus per iter uel mansiones quas ueneramus de
Anthiocia.

    XXII. Anthiocia autem cum fuissem regressa, feci postmo-
dum septimana, quousque ea quae necessaria erant itineri para- 15
rentur ; et sic proficiscens de Anthiocia faciens iter per mansiones
aliquot, perueni ad prouinciam, quae Cilicia appellatur, quae
habet ciuitatem metropolim Tharso, ubi quidem Tharso et eundo
Ierusolimam iam fueram. Sed quoniam de Tharso tertia mansione, id est in Hisauria, est martyrium sanctae Teclae, gratum 20
fuit satis, ut etiam illuc accedere, praesertim cum tam in proximo
esset.

    XXIII. Nam proficiscens de Tharso perueni ad quandam
ciuitatem supra mare adhuc Ciliciae, que appellatur Ponpeiopo-
lim. Et inde iam ingressa fines Hisauriae, mansi in ciuitate 25
quae appellatur Corico. Ac tertia die peruehi ad ciuitatem quae
appellatur Seleucia Hisauriae. Ubi cum peruenissem, fui ad
episcopum uere sanctum ex monacho. Vidi etiam ibi ecclesiam
·ualde pulchram in eadem ciuitate. Et quoniam inde ad sanctam
Teclam, qui locus est ultra ciuitatem in colle sed plano, habebat 30
de ciuitate forsitam mille quingentos passus, malui ergo perexire
illuc, ut statiua, quam factura eram, ibi facerem. Ibi autem ad
sanctam ecclesiam nichil aliud est nisi monasteria sine numero
uirorum ac mulierum. Nam inueni ibi aliquam amicissimam
michi, et cui omnes in oriente testimonium ferebant uitae ipsius, 35
sancta diaconissa nomine Marthana, quam ego aput Ierusolimam

noueram, ubi illa gratia orationis ascenderat. Haec autem
monasteria aputactitum seu uirginum regebat. Quae me cum
uidisset, quod gaudium illius uel meum esse potuerit? Nunquid
uel scribere possum? Sed ut redeam ad rem, monasteria ergo
5 plurima sunt ibi per ipsum collem et in medio murus ingens, qui
includet ecclesiam, in qua est martyrium, quod martyrium satis
pulchrum est. Propterea autem murus missus est ad custodien-
dam ecclesiam propter Hisauros, quia satis mali sunt et fre-
quenter latrunculantur, ne forte conentur aliquid facere circa
10 monasterium, quod est ibi deputatum. Ibi ergo cum uenissem in
nomine Dei, facta oratione ad martyrium nec non etiam et lecta
omnia actus sanctae Teclae, gratias Christo Deo nostro egi infini-
tas, qui michi dignatus est indignae et non merenti in omnibus
desideria complere. Ac sic ergo facto ibi biduo | uisis etiam 55
15 sanctis monachis uel aputactites, tam uiris quam feminis, qui ibi
erant, et facta oratione et communione reuersa sum Tharso ad
iter meum; ubi facta statiua triduana in nomine Dei profecta sum
inde iter meum. Ac sic perueniens eadem die ad mansionem,
quae appellatur Mansocrenas, qua est sub monte Tauro, ibi
20 mansi. Et inde alia die subiens montem Taurum et faciens iter
iam notum per singulas prouincias, quas eundo transiueram, id
est Cappadociam, Galatiam, et Bithiniam, perueni Calcedona, ubi
propter famosissimum martyrium sanctae Eufimiae ab olim michi
notum iam, quod ibi est, mansi loco. Ac sic ergo alia die transi-
25 ens mare perueni Constantinopolim agens Christo Deo nostro
gratias, quod michi indignae et non merenti praestare dignatus
est tantam gratiam, id est ut non solum uoluntatem·eundi, sed et
facultatem perambulandi quae desiderabam, dignatus fuerat praestare, et reuertendi denuo Constantinopolim. Ubi cum uenissem,
30 per singulas ecclesias uel apostolos nec non et per singula martyria, quae ibi plurima sunt, non cessabam Deo nostro Iesu
gratias agere, qui ita super me misericordiam suam praestare
dignatus fuerat. De quo loco, dominae lumen meum, cum haec
ad uestram affectionem darem, iam propositi erat in nomine
35 Christi Dei nostri ad Asiam accedendi, id est Efesum, propter
martyrium sancti et beati apostoli Iohannis gratia orationis. Si

autem et post hoc in corpo fuero, si qua praeterea loca cognoscere
potuero, aut ipsa praesens, si Deus fuerit praestare dignatus,
uestrae affectioni referam; aut certe, si aliud animo sederit,
scriptis nuntiabo. Vos tantum, dominae lumen meum, memores
mei esse dignamini, siue in corpore, siue iam extra corpus 5
fuero.

XXIV. Ut autem sciret affectio uestra, quae operatio singulis
diebus cotidie in locis sanctis habeatur, certas uos facere debui,
sciens quia libenter haberetis haec cognoscere. Nam singulis
diebus ante pullorum cantum aperiuntur omnia hostia Anastasis 10
et descendent omnes monazontes et parthene, ut hic dicunt, et
non solum hii, sed et laici praetere*a* uiri aut mulieres, qui tamen
uolunt maturius uigilare. Et ex ea hora usque in luce dicuntur
ymni et psalmi responduntur, similiter et antiphonae et cata singulos ymnos fit oratio. Nam presbyteri bini uel terni, similiter 15
et diacones, singulis diebus uices habent simul cum monazontes,
qui cata singulos ymnos uel antiphonas orationes dicunt. Iam
autem ubi ceperit lucescere, | tunc incipiunt matutinos ymnos
dicere. Ecce et superuenit episcopus cum clero et statim
ingreditur intro spelunca et de intro cancellos primum dicet ora- 20
tionem pro omnibus: commemorat etiam ipse nomina quorum
uult: sic benedicet cathecuminos. Item dicet orationem et benedicet fideles; et post hoc exeunte episcopo de intro cancellos
omnes ad manum ei accedunt, et ille eos uno et uno benedicet
exiens iam, ac sic fit missa iam luce. Item hora sexta denuo 25
descendent omnes similiter ad Anastasim et dicuntur psalmi et
antiphonae donec commonetur episcopus: similit*er* descendet et
non sedet, sed statim intrat intra cancellos intra Anastasim, id est
intra speluncam, ubi et mature, et inde similiter primum facit
orationem, sic benedicet fideles et sic exiens de cancellos similiter 30
ei ad manum acceditur. Ita ergo et hora nona fit sicuti et ad
sexta. Hora autem decima, quod appellant hic licinicon, nam
nos dicimus lucernare, similiter se omnis multitudo colliget ad
Anastasim; incenduntur omnes candelae et cerei et fit lumen
infinitum. Lumen autem de foris non affertur, sed de spelunca 35
interiori eicitur, ubi noctu ac die semper lucerna lucet, id est de

intro cancellos, dicuntur etiam psalmi lucernares, sed et antiphonae diutius. Ecce et commonetur episcopus et descendet et sedet susum nec non etiam et presbyteri sedent locis suis, dicuntur ymni uel antiphonae. Et ad ubi perducti fuerint iuxta con-
5 suetudinem, lebat se episcopus et stat ante cancellum, id est ante speluncam, et unus ex diaconibus facit commemorationem singulorum, sicut solet esse consuetudo. Et diacono dicente singulorum nomina semper pisinni plurimi stant respondentes semper : "kyrie eleyson;" quod dicimus nos : "miserere, Domine;" quo-
10 rum uoces infinitae sunt. Et at ubi diaconus perdixerit omnia, quae dicere habet, dicet orationem primum episcopus et orat pro omnibus; et sic orant omnes, tam fideles, quam et cathecumini simul. Item mittet uocem diaconus, ut unusquisque, quomodo stat, cathecuminus inclinet caput; et sic dicet episcopus stans
15 benedictionem super cathecuminos. Item fit oratio et denuo mittet diaconus uocem et commonet, ut unusquisque stans fidelium inclinent capita sua. Item benedicet fideles episcopus et sic fit missa Anastasi. Et incipient episcopo ad manum accedere singuli. Et postmodum de Anastasim usque ad Crucem ymnus
20 dicitur, episcopus simul et omnis populus uadet. Ubi cum peruentum fuerit, primum facit orationem, | item benedicet cathe- 57 cuminos; item fit alia oratio : item benedicit fideles. Et post hoc denuo tam episcopus quam omnis turba uadent denuo post Crucem et ibi denuo similiter fit sicuti et ante Crucem. Et similiter
25 ad manum episcopus acceditur sicut ad Anastasim. Ita et ante Crucem : ita et post Crucem. Candelae autem uitreae ingentes ubique plurimae pendent et cereofala plurima sunt, tam ante Anastasim quam etiam ante Crucem, sed et post Crucem. Finiuntur ergo haec omnia cum crebris. Haec operatio cotidiae per
30 dies sex ita habetur ad Crucem et ad Anastasim. Septima autem die, id est domenica die, ante pullorum cantum colliget se omnis multitudo, quecumque esse potest in eo loco. Ac si per pascha in basilica, quae est loco iuxta Anastasim, foras tamen, ubi luminaria pro hoc ipsud pendent. Dum enim uerentur ne ad pullo-
35 rum cantum non occurrant, antecessus ueniunt et ibi sedent; et dicuntur ymni nec non et antiphonae et fiunt orationes cata

singulos ymnos uel antiphonas. Nam et presbyteri et diacones semper parati sunt in eo loco ad uigilias propter multitudinem quae se colliget. Consuetudo enim talis est, ut ante pullorum cantum loca sancta non aperiantur. Mox autem primus pullus cantauerit, statim descendet episcopus et intrat intro speluncam 5 ad Anastasim. Aperiuntur hostia omnia et intrat omnis multitudo ad Anastasim. Ubi iam luminaria infinita lucent et, quemadmodum ingressus fuerit populus, dicet psalmum quicumque de presbyteris et respondent omnes; post hoc fit oratio. Item dicit psalmum quicumque de diaconibus: similiter fit oratio: dicitur 10 et tertius psalmus a quocumque clerico: fit et tertio oratio et commemoratio omnium. Dictis ergo his tribus psalmis et factis orationibus tribus, ecce etiam thiamataria inferuntur intro spelunca Anastasis, ut tota basilica Anastasis repleatur odoribus. Et tunc ubi stat episcopus intro cancellos, prendet euangelium et 15 accedet ad hostium et leget resurrectionem domnus episcopus ipse. Quod cum ceperit legi, tantus rugitus et mugitus fit omnium hominum et tantae lacrimae, ut quamuis durissimus possit moueri in lacrimis Dominum pro nobis tanta sustinuisse. Lecto ergo euangelio exit episcopus et ducitur cum ymnis ad 20 Crucem et omnis populus cum illo. Ibi denuo dicitur unus psalmus et fit oratio. Item benedicit fideles et fit missa. Et exeunte episcopo omnes ad manum accedunt. Mox autem recipit se episcopus in domum suam; etiam ex illa hora reuertuntur omnes monazontes ad Anastasim et psalmi | dicuntur et antiphonae 25 usque ad lucem et cata singulos psalmos uel antiphonas fit oratio: uicibus enim quotidie presbyteri et diacones uigilant ad Anastasim cum populo. De laicis etiam, uiris aut mulieribus, si qui uolunt, usque ad lucem loco sunt: si qui nolunt, reuertuntur in domos suas et reponent se dormito. 30

XXV. Cum luce autem, quia dominica dies est, et proceditur in ecclesia maiore, quam fecit Constantinus (quae ecclesia in Golgotha est post Crucem) et fiunt omnia secundum consuetudinem, que ubique fit die dominica. Sane quia hic consuetudo sic est, ut de omnibus presbyteris, qui sedent, quanti uolunt, praedi- 35 cent; et post illos omnes episcopus praedicat. Quae praedicationes

propterea semper dominicis diebus fiunt ut semper erudiatur
populus in scripturis et in Dei dilectione: quae praedicationes
dum dicuntur, grandis mora fit, ut fiat missa ecclesiae; et ideo
ante quartam horam aut forte quintam missa fit. At ubi autem
5 missa facta fuerit ecclesiae iuxta consuetudinem, qua et ubique
fit, tunc de ecclesia monazontes cum ymnis ducunt episcopum
usque ad Anastasim. Cum autem coeperit episcopus uenire cum
ymnis, aperiuntur omnia hostia de basilica Anastasis. Intrat
omnis populus, fidelis tamen, nam cathecumini non. Et at ubi
10 intrauerit populus, intrat episcopus et statim ingreditur intra
cancellos martyrii speluncae. Primum aguntur gratiae Deo et
sic fit orationem pro omnibus: postmodum mittet uocem diaconus, ut inclinet capita sua omnes quomodo stant. Et sic benedicet eos episcopus stans intra cancellos interiores et postmodum
15 egreditur. Egredienti autem episcopo omnes ad manum accedent. Ac sic est, ut prope usque ad quintam aut sextam horam
protraitur missa. Item et ad lucernares similiter fit iuxta consuetudinem cotidianam. Haec ergo consuetudo singulis diebus
ita per totum annum custodiatur, exceptis diebus sollennibus.
20 quibus et ipsis quemadmodum fiat infra annotauimus. Hoc
autem inter omnia satis praecipuum est, quod faciunt, ut psalmi
uel antiphonae apti semper dicantur, tam qui nocte dicuntur, tam
qui contra mature, tam etiam qui per diem uel sexta aut nona uel
ad lucernare, semper ita apti et ita rationabiles, ut ad ipsam rem
25 pertineant quae agitur. Et cum toto anno semper dominica die
in ecclesia maiore procedatur, id est quae in Golgotha est, id est
post Crucem, quam fecit Constantinus: una tantum die dominica
id est quinquagesimarum per pentecosten in Syon proceditur, sicut
infra annotatum inuenietis: sic tamen in Syon ut antequam sit
30 hora tertia, illuc eatur, fiat primum missa in ecclesiam maiorem:—

Deest unum folium.

"Benedictus qui uenit in nomine Domini" et cetera quae 59
secuntur. Et quoniam pro monazontes, qui pedibus uadent,
necesse est leuius iri; ac sic peruenitur in Ierusolima ea hora, qua

incipit homo hominem posse cognoscere, id est prope luce, ante
tamen quam lux fiat. Ubi cum peruentum fuerit, statim sic in
Astase ingreditur episcopus et omnes cum eo, ubi luminaria iam
supra modo lucent. Dicitur ergo ibi unus psalmus; fit oratio;
benedicuntur ab episcopo primum cathecumini, item fideles. 5
Recipit se episcopus et uadent se unusquisque ad ospitium suum,
ut se resumant. Monazontes autem usque ad lucem ibi sunt et
ymnos dicunt. At ubi autem resumpserit se populus, hora incipi-
ente secunda colligent se omnes in ecclesia maiore, quae est in
Golgotha. Qui autem ornatus sit illa die ecclesiae uel Anastasis aut 10
Crucis aut in Bethleem, superfluum fuit scribi. Ubi extra aurum
et gemmas aut sirico, nichil aliud uides. Nam et si uela uides,
auroclaua oleserica sunt: si cortinas uides, similiter auroclaue
olesericae sunt. Ministerium autem omne genus aureum gem-
matum profertur illa die. Numerus autem uel ponderatio de 15
ceriofalis uel cicindelis aut lucernis uel diuerso ministerio nunquid uel extimari aut scribi potest? Nam quid dicam de ornatu
fabricae ipsius, quam Constantinus sub praesentia matris suae in
quantum uires regni sui habuit, honorauit auro, musiuo, et marmore pretioso, tam ecclesiam maiorem quam Anastasim uel ad 20
Crucem uel cetera loca sancta in Ierusolima? Sed ut redeamus
ad rem, fit ergo prima die missa in ecclesia maiore, quae est in
Golgotha. Et quoniam dum praedicant uel legent singulas lectiones uel dicunt ymnos, omnia tamen apta ipsi diei, et inde postmodum cum missa ecclesiae facta fuerit, hitur cum ymnis ad 25
Anastasim iuxta consuetudinem. Ac sic fit missa forsitan sexta
hora. Ipsa autem die similiter et ad lucernare iuxta consuetudinem cotidianam fit. Alia denuo die similiter in ipsa ecclesia proceditur in Golgotha; hoc idem et tertia die; per triduo ergo
homines laetitia in ecclesia, quam fecit Constantinus, celebratur 30
usque ad sextam. Quarta die in Eleona, id est in ecclesia, quae
est in monte Oliueti, pulchra satis, similiter omnia ita ornantur
et ita celebrantur ibi. Quinta die in Lazariu, quod est ab Ierusolima forsitan ad mille quingentos passus; sexta die in Syon:
septima die in Astase: octaua die ad Crucem. Ac sic ergo per 35
octo dies haec omnis laetitia et is hornatus celebratur in omnibus

locis sanctis, quos superius nominaui. In Bethleem autem per
totos octo dies cotidie is ornatus est et ipsa laetitia celebratur a 60
presbyteris et ab omni clero ipsius loci et a monazontes, qui in
ipso loco deputati sunt. Nam et illa hora, qua omnes nocte in
5 Ierusolima reuertuntur cum episcopo, tunc loci ipsius monachi,
quicumque sunt, usque ad lucem in ecclesia in Bethleem peruigilant ymnos seu antiphonas dicentes, quia episcopum necesse est
hos dies semper in Ierusolima tenere. Pro sollemnitate autem et
laetitia ipsius diei infinite turbae se undique colligent in Ieruso-
10 lima non solum monazontes, sed et laici uiri aut mulieres.

XXVI. Sane quadragesimae de epiphania ualde cum summo
honore hic celebrantur. Nam eadem die processio est in Astase
et omnes procedunt et ordines aguntur, omnia cum summa laetitia
ac si per pascha. Predicant etiam omnes presbyteri et sic episco-
15 pus semper de eo loco tractantis euangelii, ubi quadragesima die
tulerunt Dominum in templo Ioseph et Maria et uiderunt eum
Symeon uel Anna prophetissa filia Fanuhel et de uerbis eorum,
quae dixerunt uiso Domino, uel de oblatione ipsa, qua optulerunt
parentes. Et postmodum celebratis omnibus per ordinem, quae
20 consuetudines sunt, aguntur sacramenta et sic fit missa.

XXVII. Item dies paschales cum uenerint, celebrantur sic.
Nam sicut apud nos quadragesimae ante pascha adtenduntur, ita
hic octo septimanas attenduntur ante pascha. Propterea autem
octo septimane attenduntur, quia dominicis diebus et sabbato non
25 ieiunantur excepta una die sabbati, qua uigiliae paschales sunt et
necesse est ieiunari. Extra ipsum ergo diem penitus nunquam
hic toto anno sabbato ieiunatur. Ac sic ergo de octo septimanis
deductis octo diebus dominicis et septem sabbatis, quia necesse
est una sabbati ieiunari, ut superius dixi, remanent dies quadra-
30 ginta et unus qui ieiunantur, quod hic appellant eortae, id est
quadragesimas. Singuli autem dies singularum ebdomadarum
aguntur sic, id est ut die dominica de pullo primo legat episcopus
intra Anastase locum resurrectionis Domini de euangelio, sicut et
toto anno dominicis diebus fiet: similiter usque ad lucem aguntur
35 ad Anastasem et ad Crucem, quae et toto anno dominicis diebus
fiunt. Postmodum mane, sicut et semper dominica die, proceditur

et aguntur, quae dominicis diebus consuetudo est agi in ecclesia maiore, quae appellatur Martyrio, quae est in Golgotha post Crucem ; et similiter missa de ecclesia facta ad Anastase itur cum ymnis, sicut semper dominicis diebus fit. Haec ergo dum aguntur, facit se hora quinta ; lucernare hoc idem hora sua fit sicut 5 semper ad Anastasem et ad Crucem, sicut et singulis locis sanctis 61 fit : dominica enim die nona fit. | Item secunda feria similiter de pullo primo Anastasem itur sicut et toto anno, et aguntur usque ad mane que semper. Denuo ad tertia itur ad Anastasim et aguntur quae toto anno ad sextam solent agi, quoniam in diebus 10 quadragesimarum et hoc additur, ut et ad tertiam eatur. Item ad sextam et nonam et lucernare ita aguntur, sicut consuetudo est per totum annum agi semper in ipsis locis sanctis ; similiter et tertia feria similiter omnia aguntur sicut et secunda feria. Quarta feria autem similiter itur de noctu ad Anastase et aguntur 15 ea, quae semper, usque ad mane ; similiter et ad tertiam et ad sexta ; ad nonam autem, quia consuetudo est semper, id est toto anno, quarta feria et sexta feria ad nona in Syon procedi, quoniam in istis locis, excepto si martiriorum dies euenerit, semper quarta et sexta feria etiam et a cathocuminis ieiunari et ideo ad 20 nonam in Syon proceditur. Nam si fortuito in quadragesimis martyrorum dies euenerit quarta feria aut sexta feria atque ad nona in Syon proceditur. Diebus uero quadragesimarum, ut superius dixi, quarta feria ad nona in Sion proceditur iuxta consuetudinem totius anni et omnia aguntur, quae consuetudo est ad 25 nonam agi praeter oblatio. Nam ut semper populus discat legem, et episcopus et presbyter praedicant assidue. Cum autem facta fuerit missa, inde cum ymnis populus deducet episcopum usque ad Anastasem ; inde sic uenitur, ut cum intratur in Astase, iam et tota lucernari sic dicuntur ymni et antiphonae, fiunt orationes 30 et fit missa lucernaris in Astase et ad Crucem. Missa autem lucernari in isdem diebus, id est quadragesimarum, serius fit semper quam per toto anno. Quinta feria autem similiter omnia aguntur, sicut secunda feria et tertia feria. Sexta feria autem similiter omnia aguntur, sicut quarta feria et similiter ad nonam in Syon 35 itur, et similiter inde cum ymnis usque ad Anastase adducetur

episcopus. Sed sexta feria uigiliae in Astase celebrantur ab ea hora, qua de Sion uenitum fuerit cum ymnis usque in mane, id est de hora lucernari, quemadmodum intratum fuerit. In alia die mane, id est sabbato, fit autem oblatio in Astase maturius ita
5 ut fiat missa ante solem. Tota autem nocte uicibus dicuntur psalmi responsorii, uicibus antiphonae, uicibus lectiones diuersae, quae omnia usque in mane protrahuntur. Missa autem, quae fit sabbato ad Anastase, ante solem fit, hoc est oblatio, ut ea hora, qua incipit sol procedere, ad missam in Astase facta sit. Sic ergo
10 singulae septimanae celebrantur quadragesimarum. Quod autem dixi, maturius fit missa sabbato, | id est ante solem, propterea fit, ut citius absoluant hi quos dicunt hic domadarios. Nam talis consuetudo est hic ieiuniorum in quadragesimis, ut hi quos appellant ebdomadarios, id est qui faciunt septimanas, dominica die, quia
15 hora quinta fit missa, ut manducent. Et quem ad modum prandiderint dominica die, iam non manducant nisi sabbato mane, mox communicauerint in Astase. Propter ipsos ergo, ut citius absoluant, ante sole fit missa in Astase sabbato. Quod autem dixi, propter illos fit missa mane, non quod illi soli communi-
20 cent, sed omnes communicant, qui uolunt eadem die in Astase communicare.

XXVIII. Ieiuniorum enim consuetudo hic talis est in quadragesimis, ut aliquem ad modum manducauerint dominica die post missa, id est hora quinta aut sexta, iam non manducent per tota
25 septimana, nisi sabbato ueniente post missa Anastasis, hi qui faciunt ebdomadas. Sabbato autem quod manducauerint mane, iam nec sera manducant, sed ad aliam diem, id est dominica, prandent post missa ecclesiae hora quinta uel plus et postea iam non manducent, nisi sabbato ueniente, sicut superius dixi. Con-
30 suetudo enim hic talis est, ut omnes qui sunt, ut hic dicunt, aputactite, uiri uel feminae, non solum diebus quadragesimarum, sed et toto anno, qua manducant, semel in die manducant. Si qui autem sunt de ipsis aputactites, qui non possunt facere integras septimanas ieiuniorum, sicut superius diximus, in totis quadragesi-
35 mis in medio quinta feria cenant. Qui autem nec hoc potest, biduanas facit per totas quadragesimas; qui autem nec ipsud, de

sera ad sera manducant. Nemo autem exigit quantum debeat
facere, sed unus quisque ut potest id facit; nec ille laudatur, qui
satis fecerit, nec ille uituperatur, qui minus. Talis est enim hic
consuetudo. Esca autem eorum quadragesimarum diebus haec
est, ut nec panem, quod liberari non potest, nec oleum gustent, 5
nec aliquid, quod de arboribus est: sed tantum aqua et sorbitione
modica de farina quadragesimarum sic fit, ut diximus.
    XXIX. Et completo earum septimanarum uigiliae in Astase
sunt de hora lucernarii sexta feria, qua de Syon uenitur cum
psalmis usque in mane sabbato, qua oblatio fit in Astase. Item 10
secunda septimana et tertia et quarta et quinta et sexta similiter
fiunt, ut prima de quadragesimis. Septima autem septimana cum
-uenerit, id est quando iam due superant cum ipsa, ut pascha sit,
singulis diebus omnia quidem sic aguntur sicut et ceteris septimanis quae transierunt; tantum modo quod uigiliae, quae in illis 15
sex septimanis in Astase factae sunt. Septima autem septimana,
id est sexta feria, in Syon | fiunt uigiliae iuxta consuetudinem ea
quae in Astase factae sunt per sex septimanas. Dicuntur autem
toti singulis apti psalmi semper uel antiphonae tam loco quam
diei. At ubi autem ceperit se mane facere sabbato illucescente, 20
offeret episcopus et facit oblationem mane sabbato, iam ut fiat
missa. Mittit uocem archidiaconus et dicit: "Omnes hodie hora
septima in Lazario parati simus." Ac sic ergo cum ceperit se
hora septima facere, omnes ad Lazarium ueniunt. Lazarium
autem, id est Bethania, est forsitan secundo miliario a ciuitate. 25
Euntibus autem de Ierusolima in Lazarium forsitan ad quingentos passus de eodem loco ecclesia est in strata in eo loco, in quo
occurrit Domino Maria soror Lazari. Ibi ergo cum uenerit episcopus, occurrent illi omnes monachi et populus ibi ingreditur,
dicitur unus ymnus et una antiphona et legitur ipse locus de 30
euangelio, ubi occurrit soror Lazari Domino; et sic facta oratione
et benedictis omnibus, inde iam usque ad Lazarium cum ymnis
itur. In Lazario autem cum uentum fuerit, ita se omnis multitudo colligit, ut non solum ipse locus sed et campi omnes in
giro pleni sint hominibus. Dicuntur ymni etiam et antiphonae 35
apti ipsi diei et loco; similiter et lectiones apte diei quaecumque

leguntur. Iam autem, ut fiat missa, denuntiatur pascha, id est subit presbyter in altiori loco et leget illum locum, qui scriptus est in euangelio: "Cum uenisset Iesus in Bethania ante sex dies paschae" et cetera. Lecto ergo eo loco et annuntiata pascha fit
5 missa. Propterea autem ea die hoc agitur, quoniam sicut in euangelio scriptum est, ante sex dies paschae factum hoc fuisset in Bethania, de sabbato enim usque in quinta feria, qua post cena noctu comprehenditur Dominus, sex dies sunt. Reuertuntur ergo omnes ad ciuitatem rectus ad Anastase et fit lucernare iuxta con-
10 suetudinem.

XXX. Alia ergo die, id est dominica, quae intratur in septimana paschale, quam hic appellant septimana maior, celebratis de pullorum cantatis quae consuetudinis sunt in Anastase uel ad Crucem usque ad mane agitur. Die ergo dominica mane proce-
15 ditur iuxta consuetudinem in ecclesia maiore, quae appellatur Martyrium. Propterea autem Martyrium appellatur, quia in Golgotha est, id est post Crucem, ubi Dominus passus est, et ideo Martyrio. Cum ergo celebrata fuerint omnia iuxta consuetudinem in ecclesia maiore, et antequam fiat missa, mittet uocem
20 archidiaconus et dicit primum: "Iuxta septimana omne, id est die crastino, hora nona omnes ad Martyrium conueniamus, id est in ecclesia maiore." Item mittet uocem alteram et dicet: "Hodie omnes hora septima in Eoleona parati simus." Facta ergo missa in ecclesia maiore, id est ad Martyrium, deducitur episcopus cum
25 ymnis ad Anastase et ibi completis, quae | consuetudo est diebus 64 dominicis fieri in Anastase, post missa Martyrii etiam unusquisque hiens ad domum suam festinat manducare, ut hora in quo ante septima omnes in ecclesia parati sint, quae est in Eleona, id est in monte Oliueti. Ibi est spelunca illa, in qua docebat
30 Dominus.

XXXI. Hora ergo septima omnis populus ascendet in monte Oliueti, id est in Eleona, in ecclesia sedet episcopus: dicuntur ymni et antiphonae apte diei ipsi uel loco; lectiones etiam similiter. Et cum ceperit se facere hora nona, subitur cum ymnis in
35 Inbomon, id est in eo loco, de quo ascendit Dominus in caelis, et ibi seditur. Nam omnis populus semper praesente episcopo iubetur

sedere, tantum quod diacones soli stant semper. Dicuntur et ibi
ymni uel antiphonae aptae loco aut diei: similiter et lectiones
interpositae et orationes. Etiam cum coeperit esse hora undecima,
legitur ille locus de euangelio, ubi infantes cum ramis uel palmis
occurrerunt Domino dicentes: "Benedictus qui uenit in nomine 5
Domini." Et statim leuat se episcopus et omnis populus, porro
inde de summo monte Oliueti totum pedibus itur. Nam totus
populus ante ipsum cum ymnis uel antiphonis respondentes semper: "Benedictus qui uenit in nomine Domini." Et quotquot
sunt infantes in hisdem locis, usque etiam quae pedibus ambu- 10
lare non possunt, quia teneri sunt, in collo illos parentes sui
tenent, omnes ramos tenentes alii palmarum, alii oliuarum; et sic
deducetur episcopus in eo typo, quo tunc Dominus deductus est;
et de summo monte usque ad ciuitatem et inde ad Anastase per
totam ciuitatem totum pedibus omnes, sed et si quae matrone 15
sunt, aut si qui domini; sic deducunt episcopum respondentes et
sic lente et lente, ne lassetur populus. Porro iam sera peruenitur
ad Anastase. Ubi cum uentum fuerit, quamlibet sero sit, tamen
fit lucernare, fit denuo oratio ad Crucem et dimittitur populus

XXXII. Item alia die, id est secunda feria, aguntur quae 20
consuetudinis sunt de pullo primo agi usque ad mane ad Anastase,
similiter et ad tertia et ad sexta aguntur ea, quae totis quadragesimis. Ad nona autem omnes in ecclesia maiore, id est ad
Martyrium, colligent se et ibi usque ad horam primam noctis semper ymni et antiphonae dicuntur; lectiones etiam aptae diei et 25
loco leguntur; interpositae semper orationes lucernarum. Etiam
agitur ibi, cum ceperit hora esse: sic est ergo, ut nocte etiam
fiat missa ad Martyrium. Ubi cum factum fuerit missa, inde cum
ymnis ad Anastase ducitur episcopus. In quo autem ingressus
fuerit in Anastase, dicitur unus ymnus: fit oratio: benedicuntur 30
cathecumini, item fideles, et fit missa.

XXXIII. Item tertia feria similiter omnia | fiunt sicut secunda
feria: illud solum additur tertia feria, quod nocte sera, postea
quam missa facta fuerit ad Martyrium et itum fuerit ad Anastase
et denuo in Anastase missa facta fuerit, omnes illa hora noctu 35
uadent in ecclesia, quae est in monte Eleona. In qua ecclesia

cum uentum fuerit, intrat episcopus intra spelunca, in qua spelunca solebat Dominus docere discipulos, et accipit codicem euangelii. Et stans ipse episcopus leget uerba Domini, quae scripta
sunt in euangelio in cata Matheo, id est ubi dicitur: "Videte ne
5 quis uos seducat." Et omnem ipsam allocutionem perleget episcopus. At autem ubi illa perlegerit, fit oratio, benedicuntur
cathecumini, item et fideles, fit missa et reuertuntur a monte
unusquisque ad domum suam satis sera iam nocte.

XXXIV. Item quarta feria aguntur omnia per tota die a pullo
10 primo sicut secunda feria et tertia feria, sed posteaquam missa
facta fuerit nocte ad Martyrium et deductus fuerit episcopus cum
ymnis ad Anastase, statim intrat episcopus in spelunca, quae est
in Anastase, et stat intra cancellos; presbyter autem ante cancellum stat et accipit euangelium et legit illum locum, ubi Iudas
15 Scariothes hiuit ad Iudeos, definiuit quid ei darent, ut traderet
Dominum. Qui locus at ubi lectus fuerit, tantus rugitus et mugitus est totius populi, ut nullus sit, qui moueri non possit in lacrimis in ea hora : postmodum fit oratio : benedicuntur cathecumini,
postmodum fideles et fit missa.

20 XXXV. Item quinta feria aguntur ea de pullo primo, quae
consuetudinis est usque ad mane ad Anastase': similiter ad tertia
et ad sexta. Octaua autem hora iuxta consuetudinem ad Martyrium colliget se omnis populus, propterea autem temporius
quam ceteris diebus, quia citius missa fieri necesse est. Itaque
25 ergo collecto omni populo aguntur, quae agenda sunt; fit ipsa
die oblatio ad Martyrium et facitur missa hora forsitan decima.
Ibidem antea autem quam fiat missa, mittet uocem archidiaconus
et dicet: "Hora prima noctis omnes in ecclesia, quae est in Eleona,
conueniamus, quoniam maximus labor nobis instat hodie nocte
30 ista." Facta ergo missa Martyri uenit post Crucem; dicitur ibi
unus ymnus tantum; fit oratio et offeret episcopus ibi oblationem et communicant omnes. Excepta enim ipsa die una per
totum annum nunquam offeritur post Crucem nisi ipsa die tantum. Facta ergo et ibi missa itur ad Anastase, fit oratio, bene-
35 dicuntur iuxta consuetudinem cathecumini et sic fideles et fit
missa; et sic unusquisque festinat reuerti in domum suam, ut

manducet; quia statim ut manducauerint, omnes uadent in Eleona in ecclesia ea, in qua est spelunca, in qua ipsa die Dominus cum apostolis fuit. Et ibi usque ad hora noctis forsitan quinta semper aut ymni aut antiphonae apte diei et loco, similiter et lectiones dicuntur; interpositae orationes fiunt; loca etiam ea de euangelio 5 leguntur, in quibus Dominus allocutus est discipulos eadem die sedens in eadem spelunca, quae in ipsa ecclesia est. Et inde iam hora noctis forsitan sexta itur susu in Imbomon cum ymnis in eo loco, unde ascendit Dominus in caelis. | Et ibi denuo similiter lectiones et ymni et antiphonae aptae diei dicuntur; 10 orationes etiam ipsae quecumque fiunt, quas dicet episcopus, semper et diei et loco aptas dicet.

XXXVI. Ac sic ergo cum ceperit esse pullorum cantus, descenditur de Imbomon cum ymnis et accedit eodem loco, ubi orauit Dominus, sicut scriptum est in euangelio: "Et accessit 15 quantum iactum lapidis et orauit" et cetera. In eo enim loco ecclesia est elegans: ingreditur ibi episcopus et omnis populus: dicitur ibi oratio apta loco et diei: dicitur etiam unus ymnus aptus et legitur ipse locus de] euangelio, ubi dixit discipulis suis: "Vigilate ne intretis in temptationem." Et omnis ipse locus per- 20 legitur ibi et fit denuo oratio. Etiam inde cum ymnis usque ad minimus infans in Gessamani pedibus cum episcopo descendent, ubi prae tam magna turba multitudinis et fatigati de uigiliis et ieiuniis cotidianis lassi, quia tam magnum montem necesse habent descendere, lente et lente cum ymnis uenitur in Gessamani. Can- 25 delae autem ecclesiasticae super ducente paratae sunt propter lumen omni populo. Cum ergo peruentum fuerit in Gessamani, fit primum oratio apta: sic dicitur ymnus: item legitur ille locus de euangelio, ubi comprehensus est Dominus. Qui locus ad quod lectus fuerit, tantus rugitus et mugitus totius populi est 30 cum fletu, ut forsitan porro ad ciuitatem gemitus populi omnis auditus sit. Etiam ex illa hora hitur ad ciuitatem pedibus cum ymnis, peruenitur ad portam ea hora, qua incipit quasi homo hominem cognoscere; inde totum per mediam ciuitatem omnes usque ad unum, maiores atque minores, diuites, pauperes, toti ibi 35 parati specialiter illa die nullus recedit a uigiliis usque in mane.

Sic deducitur episcopus a Gessemani usque ad portam et inde per totam ciuitate usque ad Crucem. Ante Crucem autem at ubi uentum fuerit, iam lux quasi clara incipit esse. Ibi denuo legitur ille locus de euangelio, ubi adducitur Dominus ad Pilatum, et
5 omnia quaecumque scripta sunt Pilatum ad Dominum dixisse aut ad Iudeos totum legitur. Postmodum autem alloquitur episcopus populum confortans eos, quoniam et tota nocte laborauerint et adhuc laboraturi sint ipsa die, ut non lassentur sed habeant spem in Deo, qui eis pro eo labore maiorem mercedem redditurus
10 sit. Et sic confortantes eos, ut potest ipse, alloquens dicit eis: "Ite interim nunc unus quisque ad domumcellas uestras, sedete uobis et modico et ad horam prope secundam diei omnes parati estote hic, ut de ea hora usque ad sextam sanctum lignum crucis possitis uidere ad salutem sibi unus quisque nostrum credens
15 profuturum. De hora enim sexta denuo necesse habemus hic omnes conuenire in isto loco, id est ante Crucem, ut lectionibus et orationibus usque ad noctem operam demus."

XXXVII. Post hoc ergo missa | facta de Cruce, id est ante quam sol procedat, statim unus quisque animosi uadent in Syon
20 orare ad columnam illam, ad quem flagellatus est Dominus. Inde reuersi sedent modice in domibus suis et statim toti parati sunt et sic ponitur cathedra episcopo in Golgotha post Crucem, quae stat nunc; residet episcopus in cathedra; ponitur ante eum mensa sublinteata; stant in giro mensa diacones et affertur loculus
25 argenteus deauratus, in quo est lignum sanctum crucis, aperitur et proferitur, ponitur in mensa tam lignum crucis quam titulus. Cum ergo positum fuerit in mensa, episcopus sedens de manibus suis summitates de ligno sancto premet: diacones autem qui in giro stant custodent. Hoc autem propterea sic custoditur, quia
30 consuetudo est, ut unus et unus omnis populus ueniens, tam fideles quam cathecumini, acclinant se ad mensam, osculentur sanctum lignum et pertranseant. Et quoniam nescio quando dicitur quidam fixisse morsum et furasset sancto ligno, ideo nunc a diaconibus, qui in giro stant, sic custoditur, ne qui ueniens audeat
35 denuo sic facere. Ac sic ergo omnis populus transit unus et unus toti acclinantes se primum de fronte, sic de oculis tangentes

crucem et titulum et sic osculantes crucem pertranseant : manum autem nemo mittit ad tangendum. At ubi autem osculati fuerint crucem, pertransierint, stat diaconus, tenet anulum Salomonis et cornu illud, de quo reges unguebantur, osculantur et cornu attendent et anulum minus secunda usque ad horam sextam omnis 5 populus transit, per unum ostium intrans, per alterum per alterum perexiens, quoniam hoc in eo loco fit, in quo pridie, id est quinta feria, oblatio facta est. At ubi autem sexta hora se fecerit, sic itur ante Crucem, siue pluuia siue estus sit, quia ipse locus subdiuanus est, id est quasi atrium ualde grandem et pulchrum satis, 10 quod est inter Cruce et Anastase. Ibi ergo omnis populus se colliget, ita ut nec aperiri possit. Episcopo autem cathedra ponitur ante Cruce et de sexta usque ad nona aliud nichil fit, nisi leguntur lectiones sic, id est ita legitur primum de psalmis, ubicumque de passione dixit; legitur et de apostolo siue de 15 epistulis apostolorum uel de actionibus, ubicumque de passione Domini dixerunt: nec non et de euangeliis leguntur loca, ubi patitur ; item legitur de prophetis, ubi passurum Dominum dixerunt; item legitur de euangeliis, ubi passionem dicit.. Ac sic ab hora sexta usque ad horam nonam semper sic leguntur lectio- 20 nes aut dicuntur ymni, ut ostendatur omni populo, quia quicquid dixerunt prophetae futurum de passione Domini, ostendatur tam per euangelia quam etiam per apostolorum scripturas factum esse. Et sic per illas tres horas docetur populus omnis nichil factum esse, quod non prius dictum sit, et nichil dictum esset, quod non 25 68 totum completum sit. | Semper autem interponuntur orationes ; quae orationes et ipsae apte diei sunt. Ad singulas autem lectiones et orationes tantus affectus et gemitus totius populi est, ut mirum sit. Nam nullus est neque maior neque minor, qui non illa die illis tribus horis tantum ploret, quantum nec extimari 30 potest, Dominum pro nobis ea passum fuisse. Post hoc cum coeperit se iam hora noua facere, legitur iam ille locus de euangelio cata Iohannem, ubi reddidit spiritum. Quo lecto iam fit oratio et missa. Ac ubi autem missa facta fuerit de ante Cruce, statim omnes in ecclesia maiore ad Martyrium aguntur ea, quae 35 per ipsa septimana de hora nona, qua ad Martyrium conuenitur, consueuerunt agi usque ad sero per ipsa septimana. Missa autem facta de Martyrium uenitur ad Anastase. Et ibi cum uentum fuerit, legitur ille locus de euangelio, ubi petit corpus Domini Ioseph a Pilato, ponet illud in sepulcro nouo. Hoc autem lecto, fit oratio; benedicuntur cathecumini; sic fit missa. Ipsa autem die non mittitur uox, ut peruigiletur ad Anastase, quoniam scit populum fatigatum esse; sed consuetudo est, ut peruigiletur ibi. Ac sic qui uult de populo, immo qui possunt, uigilant; qui autem non possunt, non uigilant ibi usque in mane. Clerici autem uigilant ibi, id est qui aut fortiores sunt aut iuueniores; et tota nocte dicuntur ibi ymni et antiphonae usque ad mane. Maxima autem turba peruigilant, alii de sera, alii de media nocte, qui ut possunt.

XXXVIII. Sabbato autem alia die iuxta consuetudinem fit ad tertia: item fit ad sexta: ad nonam autem iam non fit sabbato, sed parantur uigiliae paschales in ecclesia maiore, id est in Martyrium. Vigiliae autem paschales sic fiunt, quem ad modum ad nos; hoc solum hic amplius fit, quod infantes, cum baptidiati fuerint et uestiti, quemadmodum exient de fonte, simul cum episcopo primum ad Anastase ducuntur. Intrat episcopus intro cancellos Anastasis, dicitur unus ymnus, et sic facit orationem episcopus pro eis et sic uenit ad ecclesiam maiorem cum eis. Ubi iuxta consuetudinem omnis populus uigilat; aguntur ibi, quae consuetudinis est etiam et aput nos, et facta oblatione fit missa. Et post, facta missa uigiliarum in ecclesia maiore statim cum ymnis uenitur ad Anastase: et ibi denuo legitur ille locus euangelii resurrectionis. Fit oratio et denuo ibi offeret episcopus; sed totum ad momentum fit propter populum, ne diutius tardetur; et sic iam dimittetur populus. Ea autem hora fit missa uigiliarum ipsa die, qua hora et aput nos.

XXXIX. Sero autem illi dies paschales sic attenduntur, quemadmodum et ad nos et ordine suo fiunt missae per octo dies paschales, sicut et ubique fit per pascha usque ad octauas. Hic autem ipse ornatus est et ipsa compositio et per octo dies paschae, quae et per epiphania, tam in ecclesia maiore quam ad Anastase aut ad Crucem uel | in Eleona, sed et in Bethleem nec non etiam in Lazariu uel ubique, quia dies paschales sunt. Proceditur autem ipsa die dominica prima in ecclesia maiore, id est ad Martyrium, et secunda feria et tertia feria, ubi ita tamen, ut semper missa facta de Martyrio ad Anastase ueniatur cum ymnis. Quarta feria autem in Eleona proceditur; quinta feria ad Anastase; sexta feria in Syon; sabbato ante Cruce; dominica autem die, id est octauis, denuo in ecclesia maiore, id est ad Martyrium. Ipsis autem octo diebus paschalibus cotidie post prandium episcopus cum omni clero et omnibus infantibus, id est qui baptidiati fuerint, et omnibus qui aputactitae sunt, uiri ac feminae, nec non etiam et de plebe quanti uolunt, in Eleona ascendent. Dicuntur ymni, fiunt orationes tam in ecclesia, quae in Eleona est, in qua est spelunca, in qua docebat Iesus discipulos, tam etiam in Imbomon, id est in eo loco, de quo Dominus ascendit in caelis. Et posteaquam dicti fuerint psalmi et oratio facta fuerit, inde usque ad Anastase cum ymnis descenditur hora lucernae : hoc per totos octo dies fit. Sane dominica die per pascha post missa lucernarii, id est de Anastase, omnis populus episcopum cum ymnis in Syon ducet. Ubi cum uentum fuerit, dicuntur ymni apti diei et loco, fit oratio et legitur ille locus de euangelio, ubi eadem die Dominus in eodem loco, ubi ipsa ecclesia nunc in Syon est, clausis ostiis ingressus est discipulis, id est quando tunc unus ex discipulis ubi non erat, id est Thomas, qua reuersus est et dicentibus ei aliis apostolis, quia Dominum uidissent, ille dixit : " Non credo, nisi uidero." Hoc lecto, fit denuo oratio, benedicuntur cathecumini, item fideles, et reuertuntur unusquisque ad domum suam sera hora forsitan noctis secunda.

XL. Item octauis paschae, id est die dominica, statim post sexta omnis populus cum episcopo ad Eleona ascendit; primum in ecclesia, quae ibi est, aliquandiu sedetur; dicuntur ymni; dicuntur antiphonae aptae diei et loco; fiunt orationes similiter aptae diei et loco. Denuo inde cum ymnis itur in Imbomon susu, similiter et ibi ea aguntur, quae et illic. Et cum ceperit hora esse, iam omnis populus et omnes aputactite deducunt episcopum cum ymnis usque ad Anastase. Ea autem hora peruenitur ad Anastase, qua lucernarium fieri solet. Fit ergo lucernarium tam

ad Anastase quam ad Crucem. Et inde omnis populus usque ad unum cum ymnis ducunt episcopum usque ad Syon. Ubi cum uentum fuerit, similiter dicuntur ymni apti loco et diei ; legitur denuo et ille locus de euangelio, ubi octauis paschae ingressus
5 est Dominus, ubi erant discipuli, et arguet Thomam, quare incredulus fuisset. Et tunc omnis ipsa lectio perlegitur ; postmodum fit oratio ; benedictis cathecuminis quam fidelibus, iuxta consuetudinem reuertuntur unusquisque ad domum suam similiter ut die dominica paschae hora noctis secunda.
10   XLI. A pascha autem usque ad quinquagesima, id est pentecosten, hic penitus nemo ieiunat, nec ipsi aputactitae qui sunt. Nam semper ipsos dies, sicut toto anno, ita ad Anastase de pullo primo usque ad mane consuetudinaria aguntur : | similiter et ad sexta et ad lucernare. Dominicis autem diebus semper in Martyrio,
15 id est in ecclesia maiore, proceditur iuxta consuetudinem et inde itur ad Anastase cum ymnis. Quarta feria autem et sexta feria, quoniam ipsis diebus penitus nemo ieiunat, in Syon proceditur sed mane : fit missa ordine suo.
  XLII. Die eadem quadragesimarum post pascha, id est quinta
20 feria, pridie omnes post sexta, id est quarta feria, in Bethleem uadunt propter uigilias celebrandas. Fiunt autem uigiliae in ecclesia in Bethleem, in qua ecclesia spelunca est, ubi natus est Dominus. Alia die autem, id est quinta feria quadragesimarum, celebratur missa ordine suo, ita ut et presbyteri et episcopus
25 praedicent dicentes apte diei et loco : et postmodum sera reuertuntur unusquisqe in Ierusolima.
  XLIII. Quinquagesimarum autem die, id est dominica, qua die maximus labor est populo, aguntur omnia sic de pullo quidem primo iuxta consuetudinem : uigilatur in Anastase, ut legat epi-
30 scopus locum illum euangelii, qui semper dominica die legitur, id est resurrectionem Domini ; et postmodum sic ea aguntur in Anastase, quae consuetudinaria sunt, sicut toto anno. Cum autem mane factum fuerit, procedit omnis populus in ecclesia maiore, id est ad Martyrium. Aguntur etiam omnia, quae consuetudinaria
35 sunt agi : praedicant presbyteri, postmodum episcopus. Aguntur omnia legitima, id est offertur iuxta consuetudinem, qua dominica

die' consueuit fieri; sed eadem adceleratur missa in Martyrium,
ut ante hora tertia fiat. Quemadmodum enim missa facta fuerit
ad Martyrium, omnis populus usque ad unum cum ymnis ducent
episcopum in Syon: sed hora tertia plena in Syon sint. Ubi
cum uentum fuerit, legitur ille locus de actus Apostolorum, ubi 5
descendit spiritus, ut omnes linguae intellegerent quae dicebantur.
Postmodum fit ordine suo missa. Nam presbyteri de hoc ipsud,
quod lectum est, quia ipse est locus in Syon, alia modo ecclesia
est, ubi quondam post passionem Domini collecta erat multitudo
cum apostolis, qua hoc factum est, ut superius diximus, legi ibi 10
de actibus apostolorum. Postmodum fit ordine suo missa, offertur et ibi, etiam ut dimittatur populus, mittit uocem archidiaconus et dicet: "Hodie statim post sexta omnes in Eleona parati
simus Inbomon." Reuertitur ergo omnis populus unus quisque
in domum suam resumere se et statim post prandium ascenditur 15
mons Oliueti, id est in Eleona, unus quisque quomodo potest,
ita ut nullus Christianus remaneat in ciuitate, quoniam omnes
uadent. Quem ad modum ergo subito fuerit in monte Oliueti, id
est in Eleona, primum itur in Imbomon, id est in eo loco, unde
ascendit Dominus in caelis, et ibi sedet episcopus et presbyteri, 20
sedet omnis populus, leguntur ibi lectiones, dicuntur interposite
ymni, dicuntur et antiphonae aptae diei ipsi et loco; orationes
71 etiam, quae interponuntur; | semper tales pronuntiationes habent,
ut et diei et loco conueniunt. Legitur etiam et ille locus de
euangelio, ubi dicit de ascensu Domini; legitur et denuo de actus 25
apostolorum, ubi dicit de ascensu Domini in celis post resurrectionem. Cum autem hoc factum fuerit, benedicuntur cathecumini, sic fideles, et hora iam nona descenditur inde et cum ymnis
itur ad illam ecclesiam, qua et ipsa in Eleona est, id est in qua spelunca sedens docebat Dominus apostolos. Ibi autem cum uen- 30
tum fuerit, iam est hora plus decima; fit ibi lucernare; fit oratio;
benedicuntur cathecumini et sic fideles etiam. Inde descenditur
cum ymnis, omnis populus usque ad unum toti cum episcopo
ymnos dicentes uel antiphonas aptas diei ipsi. Sic uenitur lente
et lente usque ad Martyrium. Cum autem peruenitur ad portam 35
ciuitatis, iam nox est et occurrent candele ecclesiasticae uel

ducente propter populo. De porta autem, quoniam satis est
usque ad ecclesia maiore, id est ad Martyrium, porro hora noctis
forsitan secunda peruenitur, quia lente et lente itur totum pro
populo, ne fatigentur pedibus. Et apertis baluis maioribus, quae
5 sunt de quintana parte, omnis populus intrat in Martyrium cum
ymnis et episcopo. Ingressi autem in ecclesia dicuntur ymni, fit
oratio, benedicuntur cathecumini et sic fideles. Et inde denuo
cum ymnis itur ad Anastase. Similiter ad Anastase cum uentum
fuerit, dicuntur ymni seu antiphone, fit oratio, benedicuntur
10 cathecumini, sic fideles; similiter fiet ad Crucem. Et denuo inde
omnis populus christianus usque ad unum cum ymnis ducunt
episcopum usque ad Syon. Ubi cum uentum fuerit, leguntur
lectiones aptae, dicuntur psalmi uel antiphone, fit oratio, benedicuntur cathecumini et sic fideles, et fit missa. Missa autem
15 facta accedunt omnes ad manum episcopi et sic reuertuntur unusquisque ad domum suam hora noctis forsitan media. Ac sic ergo
maximus labor in ea die suffertur, quoniam de pullo primo uigi-
latum est ad Anastase et inde per tota die nunquam cessatum
est; et sic omnia quae celebrantur protrahuntur, ut nocte media
20 post missa, quae facta fuerit in Sion, omnes ad domos suas
reuertantur.

XLIV. Iam autem de alia die quinquagesimarum omnes ieiunant iuxta consuetudinem sicut toto anno, qui prout potest, excepta
die sabbati et dominica, qua nunquam ieiunatur in hisdem locis.
25 Etiam postmodum ceteris diebus ita singula aguntur ut toto anno,
id est semper de pullo primo ad Anastase uigiletur. Nam si
dominica dies est, primum leget de pullo primo episcopus euangelium iuxta consuetudinem intro Anastase locum resurrectionis
Domini, qui semper dominica die legitur, et postmodum ymni seu
30 antiphone usque ad lucem dicuntur in Anastase. Si autem dominica dies non est, tantum quod ymni uel antiphone similiter de
pullo primo usque ad lucem dicuntur in Anastase. Aputactitae
omnes uadent: de plebe autem qui quomodo possunt uadent:
clerici autem | cotidie uicibus; uadent clerici autem de pullo
35 primo; episcopus autem albescente uadet semper, ut missa fiat
matutina, cum omnibus clericis excepta dominica die, quia necesse

est illum de pullo primo ire, ut euangelium legat in Anastase. Denuo ad horam sextam aguntur, quae consuetudinaria sunt in Anastase; similiter et ad nona; similiter et ad lucernare iuxta consuetudinem, quam consueuit toto anno fieri. Quarta autem et sexta feria semper nona in Syon fit iuxta consuetudinem. 5

XLV. Et illud etiam scribere debui, quemadmodum docentur hi qui baptidiantur per pascha. Nam qui dat nomen suum, ante diem quadragesimarum dat et omnium nomina annotat presbyter, hoc est ante illas octo septimanas quibus dixi hic attendi quadragesima. Cum autem annotauerit omnium nomina presbyter, 10 postmodum alia die de quadragesimis, id est qua inchoantur octo ebdomadadae, ponitur episcopo cathedra media ecclesia maiore, id est ad Martyrium. Sedent hinc et inde presbyteri in cathedris et stant clerici omnes et sic adducuntur unus et unus conpetens: si uiri sunt, cum patribus suis ueniunt: si autem feminae, cum 15 matribus suis. Et sic singulariter interrogat episcopus uicinos eius, qui intrauit, dicens: "Si bonae uitae est hic, si parentibus deferet, si ebriacus non est aut uanus" et singula uitia, quae sunt tamen grauiora in homine, requiret. Ut si probauerit sine reprehensione esse de his omnibus, quibus requisiuit praesentibus testi- 20 bus, annotat ipse manu sua nomen illius. Si autem in aliquo accusatur, iubet illum foras exire dicens: emendet se et cum emendauerit se, tunc accedet ad lauacrum. Sic de uiris, sic de mulieribus requirens dicit. Si quis autem peregrinus est, nisi testimonia habuerit, qui eum nouerint, non tam facile accedet ad 25 baptismum.

XLVI. Hoc autem, domine sorores, ne extimaretis sine ratione fieri, scribere debui. Consuetuetudo est enim hic talis, ut qui accedunt ad baptismum per ipsos dies quadraginta, quibus ieiunatur, primum mature a clericis exorcizentur, mox missa facta fuerit 30 de Anastase matutina. Et statim ponitur cathedra episcopo ad Martyrium in ecclesia maiore et sedent omnes in giro prope episcopo, qui baptidiandi sunt, tam uiri quam mulieres, stant loco etiam patres uel matres, nec non etiam qui uolunt audire de plebe omnes intrant et sedent, sed fideles. Cathecuminus autem ibi non 35 intrat, tunc qua episcopus docet illos legem, id est sic, inchoans

a Genese per illos dies quadraginta percurret omnes scripturas,
primum exponens carnaliter et sic illud soluens spiritualiter. Nec
non etiam et de resurrectione similiter et de fide omnia docentur
per illos dies. Hoc autem cathecisis appellatur. Etiam quando
5 completae fuerint septimanae quinque, a quo docentur, tunc accipient simbolum; cuius simboli rationem similiter sicut omnium
scripturarum ratione exponet eis singulorum sermonum, primum |
carnaliter et sic spiritualiter, ita et simbolum exponet. Ac sic
est u*t in* hisdem locis omnes fideles sequantur scripturas, quando
10 leguntur in ecclesia, quia omnes docentur per illos dies quadraginta, id est ab hora prima usque ad horam tertiam, quoniam per
tres horas fit cathecismus. Deus autem scit, dominae sorores,
quoniam maiores uoces sunt fidelium, qui ad audiendum intrant
in cathecisen ad ea, quae dicuntur uel exponuntur per episcopum,
15 quam quando sedet et praedicat in ecclesia ad singula, quae
taliter exponuntur. Missa autem facta cathecisis hora iam tertia
statim inde cum ymnis ducitur episcopus ad Anastase et fit missa
ad tertia. Ac sic tribus horis docentur ad die per septimanas
septem. Octaua enim septimana quadragesimarum, id est quae
20 appellatur septimana maior, iam non uacat eos doceri, ut impleantur ea, quae superius sunt. Cum autem iam transierint septem
septimanae, superat illa una septimana paschalis, quam hic appellant septimana maior. Iam tunc uenit episcopus mane in ecclesia
maiore ad Martyrium retro in absida post altarium, ponitur cathe-
25 dra episcopo, et ibi unus et unus uadet, uiri cum patre suo aut
mulier cum matre sua, et reddet simbolum episcopo. Reddit
autem simbolo episcopo, alloquitur omnes episcopus et dicet.
"Per istas septem septimanas legem omnem edocti estis scripturarum, nec non etiam de fide audistis; audistis etiam et de resur-
30 rectione carnis, sed et singuli omnem rationem, ut potuistis, tamen
adhuc cathecumini, audire: uerbum autem quae sunt misterii
altioris, id est ipsius baptismi, qui adhuc cathecumini audire non
potestis. Et ne extimetis aliquid sine ratione fieri, cum in nomine
Dei baptidiati fueritis, per octo dies paschales post missa facta de
35 ecclesia in Anastase audietis: qui adhuc cathecumini estis, misteria Dei secretiora dici uobis non possunt."

XLVII. Post autem uenerint dies paschae, per illos octo dies, id est a pascha usque ad octauas, quemadmodum missa facta fuerit de ecclesia, et itur cum ymnis ad Anastase, mox fit oratio, bene- dicuntur fideles, et stat episcopus imcumbens in cancello interiore, qui est in spelunca Anastasis, et exponet omnia quae aguntur in 5 baptismo. Illa enim hora cathecuminus nullus accedet ad Ana- stase, tantum neofiti et fideles, qui uolunt audire misteria, in Anastase intrant. Clauduntur autem ostia, ne qui cathecuminus se dirigat. Disputante autem episcopo singula et narrante, tante uoces sunt collaudantium, ut porro foras ecclesia audiantur uoces 10 eorum. Vere enim ita misteria omnia absoluent, ut nullus non possit commoueri ad ea, quae audit sic exponi. Et quoniam in ea prouncia pars populi et greci et siriste nouit, pars etiam alia per se grece, aliqua etiam pars tantum siriste, itaque quoniam episcopus, licet siriste nouerit, tamen semper grece loquitur et 15 nunquam siriste. Itaque ergo stat semper presbyter, qui epi- scopo grece dicente siriste interpretatur, ut omnes audiant | [ut omnes audiant] quae exponuntur. Lectiones etiam quecumque in ecclesia leguntur, quia necesse est grece legi, semper stat, qui siriste interpretatur propter populum, ut semper discant. Sane 20 quicumque hic latini sunt, id est qui nec siriste nec grece noue- runt, ne contristentur, et ipsis exponitur eis, quia sunt alii fratres et sorores greci latini, qui latine exponunt eis. Illud autem hic ante omnia ualde *gratum* fit et ualde ad*m*irabile, ut semper tam ymni quam antiphonae et lectiones nec non *et*iam et orationes, quas 25 dicet episcopus, tales pronuntiationes habeant, ut et diei, qui cele- bratur, et loco, in quo agitur, aptae et conuenientes sint semper.

XLVIII. Item dies enceniarum appellantur, quando sancta ecclesia, quae in Golgotha est, quam Martyrium uocant, conse- crata est Deo: sed et sancta ecclesia, quae est ad Anastase, id est 30 in eo loco, ubi Dominus resurrexit post passionem, ea die et ipsa consecrata est Deo. Harum ergo ecclesiarum sanctarum encenia cum summo honore celebrantur: quoniam crux Domini inuenta est ipsa die. Et ideo propter hoc ita ordinatum est, ut quando primum sanctae ecclesiae suprascriptae consecrabantur, ea dies 35 esset, qua crux Domini fuerat inuenta, ut simul omni laetitia eadem die celebrarentur. Et hoc per scripturas sanctas inuenitur, quod ea dies sit enceniarum, qua et sanctus Salomon, consummata domo Dei, quam edificauerat, steterit ante altarium Dei et orauerit; sicut scriptum est in libris Paralipomenon.

5 XLIX. Hi ergo dies enceniarum cum uenerint, octo diebus attenduntur. Nam ante plurimos dies incipiunt se undique colligere, ubi non solum monachorum uel actito de diuersis prouinciis, id est tam de Mesopotamia uel Syria uel de Egypto aut Thebaida, ubi plurimi monazontes sunt, sed et de diuersis omni-
10 bus locis uel prouinciis; nullus est enim; qui non se eadem die in Ierusolima tendat ad tantam laetitia et tam honorabiles dies; seculares autem tam uiri quam feminae fideli animo propter diem sanctum similiter sed et omnibus prouinciis isdem diebus Ierusolima colligunt. Episcopi autem, quando parui fuerint, hisdem
15 diebus Ierusolima plus quadraginta aut quinquaginta sunt. Et cum illis ueniunt multi clerici sui. Et quid plura? Putat se maximum peccatum incurrisse, qui in hisdem diebus tante sollennitati inter non fuerit: si tamen nulla necessitas contraria fuerit, que hominem a bono proposito retinet. His ergo diebus ence-
20 niarum ipse ornatus omnium ecclesiarum est, qui et per pascha uel per epiphania: et ita per singulos dies diuersis locis sanctis proceditur ut per pascha uel epiphania. Nam prima et secunda die in ecclesia maiore, quae appellatur Martyrium, proceditur. Item tertia die in Eleona, id est in ecclesia, quae est in ipso
25 monte, a quo ascendit Dominus in caelis post passionem; intra qua ecclesia est spelunca illa, in qua docebat Dominus apostolos in monte Oliueti.

APPARATUS CRITICUS.[1]

A = librarius qui Codicem Arretinum exaravit. A¹ = idem librarius, quae scripserat corrigens. Aʳ = lector recentior. A? = manus incerta. Gey. = Geyer. Ga. = Gamurrini (in editione altera). P = Pomialowsky.

5, 2 sex] se Ga. Gey.
   3 planissima] planissimam Gey.
   7 commonuerunt] commonuerant Ga.
   9 mons] mōns A.
  13 estimare] aestimare Gey.
  25 unde] ⟨quia⟩ unde Gey.
  26 illuc] illinc Gey.
6, 1 erat. Inde] erat inde: Gey.
  14 sunt] sint Gey.
  24 potest] potes Gey.
  29 quedam] quaedam P. Gey.
  31 aecclesia] ecclesia P. Gey. ‖ presbytero] pĉro A. *Hic et ubique* presbitero P. presbytero Ga. Gey. "presbitero. A *eadem orthographia semper.*" Gey. *in app. crit.*
  33 cepimus] coepimus Gey. ‖ ascendere *ex* assendere *corr.* A¹.
7, 2 que] que A. quē A¹. quae P. qui Ga. Gey.
  5 me] ame *sed litt. a eras.* A?.
  10 loco] locō 'A.
  13 aecclesia] ecclesia P. Gey.
  16 ecclesie] ecclesiae P. Ga. Gey.
  20 etate aut inbeccillitate] etate aut inbecillitate P. imbecillitate aut aetate Ga. inbecillitate aut aetate Gey.
  22 enim] ēnī A. ‖ ecclesia et *ex* ecclesiae *corr.* A¹.
  23 omnia] omnī Gey.
  25 aecclesia] ecclesia P. Ga. Gey.
  28 montium] monti ≡ A¹.
  30 nerrola] terrola Gey.
  36 cepi] coepi Gey.
8, 7 qui de eo] qui ≡ de ≡ eo A. quod de eo Ga. quia de eo Gey.
  10 tamen] tam Ga.
  13 illut] illud P. Gey.
  14 ita] ita ≡ ≡ A.

[1] Ubi de codice siletur, intelligendum est lectionem quae in apparatu in initio versus stet in codice stare. Similiter de editoribus siletur, ubi codicis lectionem receperunt.

8, 18 cepimus] coepimus Gey.
  19 ei periunctus] ei *omis*. Ga.
  25 que] quae Ga. Gey.
  29 maxime ea desideraueram] maxime ea desideraueramus P. maxime* ea desideraueram *et in app. crit. emendat* uel maxime consuetudinis erat semper, ut ubicumque ad ea loca quae desideraueram, uenissemus, semper *e. q. s.* Gey. desiderii fuerat *in app. crit.* Ga.
  35 Israhel] Israel *et ubique* Ga.
9, 3 hac] hac *sed litt.* h *interleu.* A¹ ac Gey.
  5 coepit] cepit P.
  7 quia] qua P. Ga. Gey.
  9 quecumque] quaecumque Gey.
  10 aut] ad P. Ga. Gey.
  11 montis] monti P. Ga. Gey.
  14 uiuet] uiret Ga.
  16 Hic autem] hic autem *est* Ga. hic est autem Gey.
  27 locum] loco Gey.
  33 ergo] ego *sed litt.* r *suprascrips.* A ‖ que ad modum]. quemadmodum Gey.
10, 5 ceperunt] coeperunt Gey.
  10 que] quae P. Gey.
  13 Iehu] iftu A. Iesu P. Ga. Gey. ‖ quem] quam Ga. Gey.
  14 quemadmodum] que₷ amdmodum *ood primam litt.* m *interleu.* A¹.
  15 habitationes A. abitationes A¹.
  18 filios *ex* filiis *corr.* A¹. ‖ Moyses] Moysos Gey.
  19 ad montem] a monte Gey. ‖ *post* ostenderunt *uerbum* torrentes *interleu.* A¹.
  20 eis] iis P. ‖ portauit] potauit P. Ga. Gey.
  26 incensa *ex* incem *corr.* A¹. ‖ quedam] quaedam P. Gey.
  29 quecumque] que ☰ umq ; A. quaecumque P. Gey.
  30 in ea] ea in Gey.
  33 retinere] retineri Gey.
11, 1 Israhel] filii Israhel Gey.
  3 inmorati] immorati Ga.
  5 confixus mos esset] confix; mos ess⸴ A confixit Moyses Ga confixum a Moyse est Gey.
  8 ⸱tamen] autem Ga.
  12 pro] ⱥ A per P. ‖ etate] aetate Gey.
  26 ipsis *ex* ipsius *corr.* A¹.
  29 Faram] Faran P. Ga. Gey.

12, 2 cedat] caedat Gey. ‖ ducentis] ducentos Ga. Gey.
    5 Faranite] Faranitae P. Gey.
    8 cameli *ex* calmeli *corr.* A¹.
   10 aliqui] aliquis Ga.
   13 ad montem] a monte Gey.
   14 *uerba* reuersi sunt per iter quod ierant id est usque ad eum locum *in infima pagina scripsit* A.
   21 uenissemus] uenissemus ⟨denuo⟩ Gey.
   23 terra] terram Gey. ‖ nosse] nossem Gey.
   26 qui ibi] quod ibi P. Ga. Gey.
   27 desiderii] desideri Ga.
13, 3 michi] mihi P.
   11 romana *ex* romanorum *corr.* A¹.
   12 Ioebelsefon *ex* ioebelsebon *corr.* A¹. Iobelsefon P. Iobelsephon Ga. locus Belsefon Gey. ‖ ostensum] ostensus Gey.
   20 edificauerunt] aedificauerunt Gey.
   23 Heroum] heroum A. *litt.* r *supra* o *scripsit* A¹.
   25 comes] come Ga. Gey.
   31 gratus] grandis P. ‖ quedam] quaedam P. Gey.
   33 que] quae P. Ga. Gey.
14, 3 quae] que *sed punctum interleu.* A¹.
    6 collapsae] collaps ͻ A.
    7 nichil] nihil P.
    8 exclusae] excisae Gey.
   13 in quo moditas] commoditas P. Ga. incommoditas Gey.
   16 grece] graece Gey.
   17 dendrosa lethiae] *dendrosa leth'e *et in marg.* *δενδρος ἀληθίας. A. dendros alethiae P. Ga. Gey.
   18 ramessen *fortasse ex* oamessen *corr.* A¹.
   21 fuisset] fuisse Ga.
   22 illa statua] illas statuas Gey.
   30 pridie] pridie a *sed litt.* a *interleu.* A¹. pridie a P. Ga. Gey.
   31 agende] agendae P. Gey.
   33 michi] m̅ A mihi P. Ga. Gey.
15, 2 quandiu] quamdiu P. Ga. Gey.
    3 Iam autem] Iter autem Ga. ‖ quo ei iam] *dubium utrum* iam *an* locum, *sed fortasse* iam A. quoniam Gey.
    4 transiebatur] transiebat Gey.
    9 primos] primo Ga. pulcherrimos Gey.
   12 nusquam] nunquam Ga.
   17 nosse] nossem P. Ga. Gey.
   25 aliquod] aliquot Gey.

16, 7 qui] quae Ga. Gey.
  8 fixerant *ex* fixesant *corr.* A¹.
 20 homo de filio] homo Dei filios Ga. Gey.
 23 quedam] quaedam P. Gey.
 28 uolebamus] ualebamus Gey.
 30 oratio ibi *cum signis transpositionis* A¹. ibi oratio Ga. Gey.
 32 ceptum] coeptum Gey. ‖ cepimus] coepimus Gey.
 34 Libiadae] libiade A. Libiade P. Ga. Gey.· ‖ quae] quem Ga. Gey.
17, 3 de uia] deiuia A. deuia A¹.
 15 soporis] saporis P. Ga. Gey.
 27 modice] modicum Gey.
18, 1 non ostenditur] [non] ostenditur Gey.
  2 ubi] ubi ⟨positus sit⟩ Gey.
  6 cepimus] coepimus Gey.
 10 possunt] posst A. possitis P. Ga.
 16 circa] citra Gey. ‖ que] quae P. Gey.
 23 nichil] nihil P.
 24 conuerse] conuersae P. Gey.
 26 michi] m̈ A. mihi P. Ga. Gey.
 27 domine] dominae P. Gey.
 29 locum *cum*] cum *sed litt.* lo *suprascrips.* A¹.
 33 ipse locus] ipse locus *est* Ga. Gey.
 35 ostense] ostensae Gey.
19, 1 quae] quex A que A¹.
  2 Sasdra] *dubium utrum* safdra *an* sasdra A.
  8 Sane illa] Sane ⟨de⟩ illa Gey.
 10 Agrisecula] Agri specula Ga. Agrispecula Gey.
 16 uolui ad] *supra uerbum* ad *litt.* ege A¹. uolui etiam ad P. Gey
 20 eisdem] eis P.
 21 michi] mihi P.
 27 Ausitidi] au ≡ ≡ ≡ ≡ sitidi A.
 28 hiens] iens P.
 29 Iordanis fluminis *cum signis transpositionis* A¹. fluminis Iordanis Ga. ‖ amenam] amoenam Gey. ‖ habundantem] abundantem P.
 30 multe] multae P. Gey.
 32 Sedima] *dubium utrum* sedima *an* seduna A.
 34 grandis] grandes Ga. Gey.
20, 2 amenus] amoenus Gey. ‖ michi] mihi P.
  3 Melchis et haec] Melchisedech Gey.
  7 greco] graeco Gey. ‖ opumelchis. Et haec] *opu Melchisedech Gey.

20, 20 ferebant] ferebat *sed super litt.* a *litt.* n *scripsit* A¹.
  25 Melchisedech regis *cum signis transpositionis* A¹. regis Melchisedech Ga. Gey.
  27 continget] contiget Ga. Gey. ‖ heramento] aeramento Gey.
  28 et certa] ecce ista Gey.
  30 cede] caede Gey. ‖ quod Ollagomor] Quodollagomor P. Chodollagomor Ga. Codollagomor Gey.
  33 baptizasse] babtizasse P.
  35 ille] iste P.
21, 2 coepi] cepi P.
  4 cepimus] coepimus Gey. ‖ amenissimam] amoenissimam Gey.
  5 amenum] amoenum Gey.
  6 optime] optimae P. Gey. ‖ pure] purae P. Gey.
  7 qui a semel] quia semel P. Ga.
  10 greco] graeco Gey.
  11 copos] cepos Gey.
  20 opu] opus Gey.
  33 Gethe] Gethae P. Ga. Gey.
  36 amenissimam] amoenissimam Gey.
22, 3 Tunc ego] tunc g̃ ego A. tunc ego A¹. ‖ cepi] coepi Gey.
  8 corui] coruus ei Gey. ‖ portabat] portabant P. ‖ de eo torrentem] de torrentes *sed uerbum* eo *supra* de *scripsit* A. de eo torrente P. Ga. Gey.
  11 nichilominus] nihilominus P.
  13 cepimus] coepimus Gey.
  16 tendebatur] tendebatur in longo P. Ga. Gey. *in infima pagina* in longo *quae uerba in summa pagina sequenti scriberentur indicans* A.
  24 et] ad Gey.
  26 qui] cui Ga. Gey.
  28 positum] positus Gey.
  30 fuit] *dubium utrum* fuit *an* stat A stat P. Ga.
  32 faceret] facere P. Ga. Gey.
23, 4 uenisse] uenissem P. Gey.
  5 gratiam] gratia P. Ga. Gey.
  7 ut et] et Ga. etiam et Gey.
  14 quoque epistolam] quaeque epistola Ga. Gey.
  15 et michi] m̃ A. mihi P. Ga. Gey.
  19 quinta mansione] quinta ≡ ≡ ≡ ≡ ≡ ≡ mansione A. ‖ Anthiocia] Antiochia P. Gey.
  20 Mesopotamiam] Mesopotamia Ga.
  22 Anthiociam] Antiochiam P. Gey.

23, 26 Anthiociae] Antiochiae P. Gey.
    25 per` mansiones] seu mansiones A. seu *deleu. et* per *suprascrips.* A¹.
24, 9 habundans] abundans P.
    16 que] quae P. Gey.
    19 ciuitatem] ciuitate Gey.
    23 et monachus] ⸱⸱ monachus A.
    24, 30 michi] mihi P.
    28 ipsum] ipsi Gey.
    34 michi] mihi P. Ga. Gey.
    35 Deum] Dominum Gey.
25, 1 dixit] dixi P.
    3 quale] quales Gey.
    4 et uel] et *deleu.* A? uel Gey.
    6 ac sic *sed alteram litt.* c *interleu.* A¹. ac si P. Ga. Gey.
    7 michi] mihi P.
   11 Persi] Persae P. Gey.
    21 Ita autem] Ita tam au A. Ita au A¹.
    24 aliquod] aquod *sed litt.* li *suprascrips.* A¹. aliquot Gey.
    31 hii] hi P.
    32 a semel] a semet Ga.
    35 obsedebant] obsidebant Ga.
26, 6, 11, 14, 31 hii] hi P.
    7 e rupe ierunt] eruperunt Gey.
    13 parte] patre Gey.
    19 benedicens] bendicens P. ‖ iterato] iterata Ga.
    21 epistolam] epistola Ga.
    28 illud *ex* illuˢ *corr.* A¹.
    28, 32 michi] m̄ A. mihi P. Ga. Gey.
    33 nos] uos P.
    35 legi si uos] legetis et uos Ga. Gey.
27, 2 Carris A. *supra litt.* a *litt.* h Aʳ. Charris P. Ga. Gey.
    3 Carra A. *supra litt.* a *litt.* h' Aʳ. Charra P. Ga. Gey.
    6 Ergo] ⟨Ibi⟩ ergo Gey.
    13 in ipsa] *post haec uerba septem aut octo litt. eras.* A¹.
    15 benedicens] bendicens P.
    18 portauit] potauit *ex* portauit *corr.* A? potauit P. Ga. Gey.
    28 grandiiter] granditer P. Ga. Gey.
    33 aestimabam] estimabam P. existimabam Ga.
    35 michi] mihi P.
28, 7 martyrum] martyrii Gey.
    9 qui] quae Ga. ‖ ciuitatem] ciuitate P. Ga. Gey.

28, 14 illae] illę *ex* illi *corr.* A¹.
   17 et] est Ga. Gey.
   18, 25 michi] mihi P.
   24 Nachor] Nahor P. Ga. Gey. ‖ filio] filio suo A filio A¹.
   34, 36 Siri] Syri P. Gey.
   35 michi] m̃ A. mihi P. Gey. ‖ iuxta] *ante hoc uerbum litt.*
       o *deleu.* A¹.
29, 3, 7, 11 Chaldeorum] Chaldaeorum Gey.
   4 michi] mihi P.
   7 ad Hur] adur A. *supra litt.* u *litt.* h *scrips.* A¹.
   9 autem pars] pars *omis.* Gey.
   16 estimet] aestimet Gey.
   21 sancte] sanctae P. Ga. Gey.
   26 locum] loco Gey. ‖ iacente] iacentem Ga. Gey. ‖ lapipem] lapidem
       P. Ga. Gey.
   28 commanent] commanet Ga.
   31 aecclesia] ecclesia P. Ga. Gey.
   36 Nam et] et *omis.* P. ‖ michi] mihi P.
30, 3, 7, 8, 35 michi] mihi P.
   6, 8 Siri] Syri P. Gey.
   13, 14, 16 Anthiocia] Antiochia P. Gey.
   18 tharso] tharso *ex* thrarso *corr.* A¹.
   21 accedere] accederem Gey.
   24 que] quae P. Gey. ‖ Ponpeiopolim] Pompeiopolin Ga. Pon-
       peiopolin Gey.
   31 forsitam] forsitan P. Gey.
   32 statiua] statiuam P. Gey. ‖ ibi] *ante hoc uerbum litt.*
       (*fortasse* f) *deleu.* A¹.
   33 nichil] nihil P.
   36 aput] apud Ga.
31, 8 Hisauros] hisauros *ex* hisati *corr.* A¹.
   10 est ibi *cum signis transpositionis* A¹. ibi est Gey.
   11, 12 lecta omnia *litt.* a *in utroque uerbo interleu.* A¹. lectus
       omnis P. Ga. Gey.
   13 michi] m̃ A. mihi P. Ga. Gey.
   15 aputactites] aputactitis Gey.
   19 qua] quae P.
   20 alia *ex* alie *corr.* A¹.
   23, 26 michi] mihi P.
   26 praestare] p̄rare A.
   30 et per] et *omis.* P.
   33 dominae] dŏŧnę A. domnae P. Gey.

32, 1 corpo] corpore Gey.
    11 parthene] parthenae Gey.
    12 hii] hi P. ‖ praeterea] pt A. praeter Gey.
    13 luce] lucem P. Ga. Gey.
    18 ceperit] coeperit Gey.
    25 denuo *ex* denua *corr.* A¹.
    27 descendet *ex* descenderet *corr.* A¹.
    30 de] de ⟨intro⟩ Gey.
33, 4 ad] at Gey. ad (finem) Ga. ‖ perducti] perdicti Gey.
    5 lebat] leuat Gey.
    16 mittet] mittit P. Gey.
    17 inclinent *ex* inclinet *corr.* A?
    19 Anastasim] Anastasi P. Ga. ‖ ymnus] ⟨cum⟩ ymnis Gey.
    20 dicitur] dicitˢ A. ducitˢ A? ducitur Gey.
    23 uadent] uadet Ga. Gey.
    25 episcopus] episcopi P. Ga. episcopo Gey.
    29 crebris] tenebris Ga. Gey. ‖ cotidiae] cotidie P. Ga. Gey.
    31. domenica] dominica P. Ga. Gey.
    32 quecumque] quaecumque P. Ga. Gey.
    34 pro] ȼ A. per Ga.
34, 13 thiamataria] thymiataria Gey. ‖ spelunca] speluncam Gey.
    15 ubi] ibi Gey.
    16 domnus] Domini P. Gey.
    17 ceperit] coeperit Gey.
    22 exeunte] exeunti Gey.
    24 etiam] et iam Gey.
    26 singulos *ex* singulas *corr.* A¹.
    27 Anastasim] anasiˢ *sed litt.* sta *suprascrips.* A¹.
    28 aut] ac P.
    33 fiunt] sunt P. Ga.
    34 que] quae P. qua Gey.
    35 omnibus] omib; A.
35, 1 fiunt] sunt Ga. Gey.
    4 missa fit] missa (non) fit Ga.
    7 coeperit] ceperit Ga.
    11 martyrii] [martyrii] Gey. ‖ speluncae] spelunc⁊ A.
    12 orationem] oratio P. Gey.
    13 inclinet] inclinent P. Gey.
    14 intra] intro Ga.
    17 lucernares] lucernare Gey.
    19 custodiatur] custoditur Gey. ‖ sollennibus] sollemnibus Ga.
    20 annotauimus] annotabimus Gey.

35, 29 sit] fit P.
30 ecclesiam] ecclesia P. Gey.
32 pro] ⊄ A per Ga.
33 leuius] lenius Gey.
36, 3 Astase] *hic et ubique* anastase P. Ga. Gey.
6 ospitium] hospitium Ga. Gey.
12 nichil] nihil P.
13 auroclaue] auroclauae P. Gey. ‖ oleserica] oloserica Ga. Gey.
14 olesericae] ole sericę *sed supra ultimam litt. e scrips.* A[1]. oloseri-
cae Ga. Gey. ‖ genus] geſ A *omis.* P.
17 extimari] existimari Ga. aestimari Gey.
19 honorauit] hornauit Gey.
20 pretioso] praetioso P.
25 hitur] itur P.
30 homines] haec omnis Ga. Gey.
37, 9 infinite] infinitae P. Ga. Gey.
13 ordines] ordine P. Ga. ordine suo Gey.
15 tractantis] tractantes Ga. Gey.
17 Fanuhel] Famuhel P.- Samuhel Ga. ‖ uerbis] ūerbis A.
18 qua] quam Gey.
20 consuetudines] consuetudinis Ga. Gey.
23 septimanas] septimanae P. Ga. Gey. ‖ attenduntur] adtenduntur
Gey.
24 septimane] septimanae P. Ga. Gey.
34 fiet] fit et Gey. ‖ aguntur] agantur Ga.
35 Anastasem] Anastasim P.
38, 3 Anastase] Anastasi Ga.
6 Anastasem] Anastase P.
8 Anastasem] Anastasim P.
9 que] quae P. Ga. Gey.
15 de noctu] denaotu *sed supra litt.* ao *litt.* oc *scrips.* A[1].
17 sexta] sextam P. Gey.
18 nona] nonam Gey.
19 martiriorum] martyriorum P. martyrorum Gey.
20 ieiunari] ieiunatur Gey.
22 atque] neque Gey.
24 Sion] Syon P. Ga.
29 Anastasem] Anastasim P.
30 tota] hora Gey. ‖ lucernari] lucernaris Ga. ‖ sic] sic sic, *sed
primum uerbum interleu.* A[?] fit; sic Ga. sit; sic Gey. ‖ ymni]
ym̄ni A.
31 lucernari] lucernaris Ga. lucernarii Gey.

39, 2 Sion] Syon P. ‖ uenitum] uentum P. Ga. Gey.
  3 lucernari] lucernarii Gey.
  9 ad missam] iam missa Ga. et missa Gey.
  12 domadarios] ebdomadarios Gey.
  23 aliquem ad modum] alique^s ad modu^s A. *in primo uerbo supra
    litt.* i *litt.* i *scrips.* A.[1] alii quem admodum P. Ga. Gey.
  24 sexta] VI^a A.
  29 manducent] manducant Gey.
  30 aputactite] aputactitae Gey.
  33 aputactites] aputactitis Gey.
40, 1 ad sera] ad seram P. Ga. Gey.
  5 quod] quid P. ‖ liberari] librari Ga. Gey.
  7 farina] farina. *Ieiunium* Ga. farina: .... Gey.
  8 septimanarum] septimanarum .... Gey.
  9 lucernarii] lucernari P. Ga.
  11 quarta] IIII^a A.
  13 due] duae Gey.
  15 quae] [quae] Gey.
  16 sex] *omis.* Ga.
  17 ea] eae P. eae Ga. eam Gey.
  18 quae] qua Gey.
  19 toti singulis] totis uigiliis Gey.
  20, 23 ceperit] coeperit Gey.
  22 omnes] oms A.
  36 apte] aptae Gey.
41, 1 ut fiat *ex rasura* A.
  4 ergo eo loco] g loco A *supra litt.* g *litt.* o eo (= ergo eo) *scrips.* A[1].
  11 quae] qua Ga. Gey.
  13 cantatis] cantu eis Ga. cantu his Gey.
  14 agitur] agi Gey.
  20 Iuxta] ista Gey. ‖ omne] omni Gey.
  23 Eoleona] Eleona P. Ga. Gey.
  26 Anastase] Anastasi Ga. ‖ etiam] et iam Gey.
  27 hiens] iens P. ‖ in quo ante] inquoante P. Ga. inchoante Gey.
  29 Ibi] ubi Gey.
  32 sedet] sed et Gey.
  33 apte] aptae P. Gey.
  34 ceperit] coeperit Gey.
  35 Inbomon] Imbomon Ga.
42, 3 coeperit] ceperit Ga.
  9 Benedictus] ben̄ A.
  10 quae] qui P. Ga. Gey.

42, 15 matrone] matronae P. Ga. Gey.
26 lucernarum. Etiam] lucernarium etiam P. Gey.
27 ceperit] coeperit Gey.
28 factum] facta Gey.
43, 4 dicitur] dicit^s A dicit A^1 dicit Gey.
6 autem ubi] aū ubi *cum signis transpositionis* A ubi autem Gey.
15 hiuit] iuit P. ‖ Iudeos] Iudeos et Gey.
26 decima. Ibidem] decima ibidem Gey.
30 Martyri] Martyrii P. Ga. Gey. ‖ uenit] uenitur Gey.
44, 4 apte] aptae P. Ga. Gey.
8 itur] iitur Gey.
11 quecumque] quacumquo P. Ga. Gey
13 ceperit] coeperit Gey.
14 accedit] acceditur Gey. ‖ eodem] eadem *sed supra litt.* a *litt.* o *scrips.* A^1.
16 iactum] iactu^s A. iactus Ga. Gey.
22 minimus] minim ; A minimum P. Ga.
26 ducente] ducentae P. Gey.
32 hitur] itur P.
45, 1 Gessemani] Gessamani P ‖ ad portam] ad cruce^s portam *sed uerbum* cruce^s *interleu.* A^1.
2 ciuitate] ciuitatem P. Ga. Gey:
10 confortantes] confortans P. Ga. Gey.
11 unus] un ; *ex* us *corr.* A^1.
13 sextam] sexta Ga. Gey.
20 quem] quam Ga. Gey.
24 mensa] mensae Ga.
25 deauratus *ex* deaauratus *corr.* A^1.
26 profertur] profertur Gey.
29 custodent *ex* custodeant *corr.* A^1.
31 acclinant se] acclinantes Gey.
32 pertranseant] pertransean^t A *supra alteram litt.* a *litt.* u *scrips.* A^1.
33 furasset] furasse de Gey.
46, 1 pertranseant] pertransean' A *supra alteram litt.* a *litt.* u *scrips.* A^1. pertranseunt P. Ga. Gey.
3 pertransierint] ⟨et⟩ pertransierint Gey.
4 attendent] attendunt *ex* attendent *corr.* A^1.
5 secunda] secunda feria *sed uerbum* feria *interleu.* A^1.
6 ostium *et quae sequuntur*] ostium, intrans per alterum, per alterum perexiens Ga. per alterum [per alterum] perexiens Gey.

46, 9 estus] aestus Gey.
  10 grandem] grande P. Gey.
  13 nichil] nihil P.
  14 sic] sic^f A sic A^1.
  15 de passione *ex rasura* A^1. ‖ apostolo] apostolis Gey.
  19 passionem] de passione Gey.
  24, 25 nichil] nihil P.
  25 esset] esse Ga. Gey.
  27 apte] aptae P. Ga. Gey.
  29 qui non] q̶ n̄ A. qui in Ga.
  30 extimari] existimari Ga. aestimari Gey.
  32 coeperit] ceperit Ga.
  34 ac] at Ga. Gey.
  35 omnes] omnia Ga. ‖ ad Martyrium] ad Martyrium . . . . Gey.
47, 4 ponet] *et* ponet Ga. ⟨et⟩ ponet Gey.
  9 ibi usque] ibi *interleu.* A? ibi *omis.* P.
  10 qui aut] quia ut Ga.
  17 fiunt] sunt P.
  19 exient] exen' *sed supra alteram litt.* e *litt.* i *scrips.* A^1. exierint Gey.
  36 Crucem] Cruce P.
48, 5 Eleona] Eleon P.
  23 ubi] ibi P. Ga. Gey.
  33 ceperit] coeperit Gey.
  34 aputactite] ap-actite A. aputactitae P. Ga. Gey.
49, 7 benedictis] benedictis (tam) Ga. Gey.
  19 eadem] autem Gey.
  29 uigilatur *ex* uigiliarum *corr.* A^1.
50, 3 omnis] omis A.
  4 sed] sed ut Gey.
  6 linguae] linguae ⟨audirentur et omnes⟩ Gey.
  10 legi] legunt Ga. Gey.
  14 Inbomon] Imbomon P. in Inbomon Gey.
  17 Christianus] Christianorum Gey. ‖ quoniam] q̶ n̄ A. qui non P. Gey.
  18 subito] subitum Gey.
  21 sedet] sed et P. ‖ interposite] interpositi Gey.
  25 actus] actis P.
  26 celis] caelis Ga. Gey.
  28 inde et] et *omis.* P.
  29 qua] quae P. Gey.
  32 fideles etiam] fideles. Et iam Gey.

50, 36 candele] candelae P. Gey.
51, 1 ducente] ducentae Gey.
    4 baluis] ualuis Gey.
    7 et sic] et *omis.* Ga.
    9, 13, 30, 31 antiphone] antiphonae P. Ga. Gey.
   10 fiet] fit et Gey.
   20 Sion] Syon P. Ga.
   24 qua] quam P. ‖ nunquam] numquam Gey.
   26 id est] id est ⟨ut⟩ Gey.
   34 uadent clerici autem] clerici aū *interleu.* A¹. clerici autem cotidie uicibus uadent de pullo primo P. clerici autem cotidie uicibus uadent; clerici autem de pullo primo Gey.
   36 omnibus] omibus A.
52, 4 quam] qua Gey.
   9 quadragesima] quadragesimas Gey.
  12 ebdomadadae] ebdomadae P. Ga. Gey.
  19 ut si] at si Gey.
  23 tunc] tun A.
  27 domine] dominae P. Ga. Gey. ‖ extimaretis] existimaretis Ga. aestimaretis Gey.
  28 consuetuetudo] consuetudo P. Ga. Gey.
  33 stant loco etiam] stanᵗ loco etiaᵗ loco *cum signis transpositionis supra* stanᵗ *et* etiaᵗ *sed alterum uerbum* loco *interleu.* A¹. etiam loco stant P. Gey.
  36 intrat, tunc] intrat *omis.* P. ‖ id est sic] sic : id est Gey.
53, 2 soluens *ex* soluet *corr.* A¹.
   7 ratione] rationem Gey.
  12 cathecismus] cathecism; A cathecisis Ga. cathecisin P. Gey.
  20 non uacat] ñ uacat A. (*sed* ñ *paene euanuit*) non *om* P. Ga.
  21 superius sunt] superius ⟨dicta⟩ sunt Gey.
  22 superat] ⟨et⟩ superat Gey.
  25 uiri] uir Gey.
  26 Reddit] reddito P. Gey. reddito Ga.
  28 istas] istos P. *et in app. crit. perperam* Gey.
  30 singuli] simboli Gey.
  31 uerbum] uerba Ga. Gey. ‖ autem] aut P. ‖ misterii] mysterii Ga.
  32 qui] quia Gey. ‖ cathecumini] cathecumini estis Gey.
  33 extimetis] aestimetis Gey.
  35 qui] quia Gey.
54, 4 imcumbens] incumbens P. Ga. Gey.
   9 ٫tante] tantae P. Ga. Gey.
  11 absoluent] absoluet Gey.

54, 13 prouncia] ꝓuncia A.   prouincia P. Ga. Gey. ‖ greci] grece P. Ga. graece Gey.
 14, 15, 17, 19, 21   grece] graece Gey.
 16 stat *ex* stati*s corr.* A¹.
 18 quecumque] quaecumque P. Ga. Gey.
 21 sunt] *omis.* P.
 22 exponitur eis] exponit episcopus Ga.
 23 gr*eci l*atini] grec ≡ latini A. (*litt.* e *et* c *et* l *paene euanuerunt*) grecolatini P. graecolatini Gey.
 24 ad*m*irabile] memorabile P. Ga.
 27 sint] sunt P. Ga.
55, 3 edificauerat] aedificauerat Gey.
  7 ubi] turbae Gey. ‖ actito] aputactitum Gey.
 11 laetitia] laetitiam P. Ga. Gey
 12 seculares] saeculares Gey.
 13 sed et] sed et *de* Ga.   se de Gey.
 14 colligunt] *se* colligunt Ga.
 17 tante] tantae P. Ga. Gey. ‖ sollennitati] sollemnitati P. Ga.
 19 que] quae P. Gey. ‖ proposito] p̄posito A.   praeposito P.
 21 uel per] per *om.* Gey. ‖ locis sanctis] sanctis *om.* P.   *In infima pagina* quarta aū die *quae uerba in summa pagina sequenti scriberentur indicans scrips.* A?

PREFACE.

Since its first publication by Gamurrini in 1887, the Peregrinatio ad Loca Sancta,[1] attributed by him to Sancta Silvia of Aquitania, has deservedly attracted great attention among scholars. Its interest may be said to be threefold: first, as a contribution to our knowledge of the topography of Palestine; in the second place, from the light it throws upon the ritual of the early church, especially in Jerusalem; and, finally, as a valuable addition to our sources for the study of colloquial Latin. Naturally, it is from the last point of view that the strongest appeal is made to the philologian. We find here preserved the Latin of the latter part of the fourth century, as written in a simple and natural manner by a woman of at least moderate education, and certainly of considerable influence with the dignitaries of church and state. Her style has not been affected to any appreciable extent by the great classical models, and she probably wrote just as she spoke. It is not without interest, too, that the Peregrinatio is the only extant Latin work of any considerable length written by a woman.

A contribution to the study of the Latinity of this interesting piece of literature is here presented. The method employed has been, first, to make a careful collection of the instances of departure from classical usage, and then, that the proper perspective may be gained, to make note of the extent to which, in each case, the author has also followed the classical standard; for without such a comparison the first set of statistics would, it is clear, possess but slight value. The question that then naturally suggests itself is as to the probable source of these variations. Are they found also in the colloquial speech of earlier times; are they due to the influence of the Latin translations of

[1] For the method of the identification of the author of the Peregrinatio with Sancta Silva of Aquitania see Gamurrini's first edition, pp. xxxi-xxxvii. The objections urged against this theory have appeared rather trivial.

the Greek Bible; or are they peculiarities of the so-called Gallic Latin? A perfectly satisfactory answer to this question is, of course, impossible; but an attempt at a partial solution of the problem will be made by indicating those peculiarities of the Peregrinatio in syntax or diction that are to be found also either in other literary representatives of the colloquial speech, in the Vulgate, or in Gregory of Tours, who, thanks to the labors of Bonnet, proves a valuable source for our knowledge of Gallic Latin.

This investigation was begun some three years ago at the suggestion of Professor F. F. Abbott, of the University of Chicago, whose helpful counsel and assistance have been of the greatest value in the further progress of the work. The collection of statistics was originally made from Gamurrini's second edition; but just as this part of the work was being completed, Geyer's text appeared, and a comparison of the two editions made it evident that neither editor had closely followed the manuscript in all points, and that the two did not always agree in their reports of its readings. For the purpose of the present study, it then seemed necessary to secure an exact copy of the one manuscript of the Peregrinatio. The interest of Professor William Gardner Hale, of the University of Chicago, in the matter resulted in the visit of Mr. Washburn to Arezzo, where he made the copy of the manuscript which serves as the basis of the text of the present edition. Grateful acknowledgment should also be made of the assistance of Professor Hale in the preparation of the critical apparatus that accompanies the text.

EDITIONS OF THE PEREGRINATIO.

S. Hilarii Tractatus de Mysteriis et Hymni et S. Silviae Aquitanae Peregrinatio ad Loca Sancta. Joh. Franciscus Gamurrini. Rome, 1887.

S. Silviae Aquitanae Peregrinatio ad Loca Sancta. J. F. Gamurrini. Editio altera. Rome, 1888.

Peregrinatio ad Loca Sancta Saeculi IV Exeuntis. Joh. Pomialowsky. St. Petersburg, 1889.

Corpus Scriptorum Ecclesiasticorum Latinorum Vol. XXXVIIII Itinera Hierosolymitana Saeculi IIII–VIII. Paulus Geyer. Vienna, 1898.

GENERAL WORKS OF REFERENCE.

The following works have proved of especial value, and frequent reference is made to them in the following pages:

Itala und Vulgata. Hermann Rönsch. Marburg, 1875.

Le Latin de Grégoire de Tours. Max Bonnet. Paris, 1890.

Lateinisch-romanisches Wörterbuch. Gustav Körting. Paderborn, 1901.

Formenlehre der lateinischen Sprache. F. Neue. Berlin, 1892.

The Latin Language. W. M. Lindsay. Oxford, 1894.

Word Formation in the Roman Sermo Plebeius. F. T. Cooper. New York, 1895.

Die lokalen Verschiedenheiten der lateinischen Sprache. Karl Sittl. Erlangen, 1882.

Archiv für lateinische Lexikographie und Grammatik, Vols. I–XI. Leipzig, 1884–.

The Latin Pronouns Is: Hic: Iste: Ipse. C. L. Meader. New York, 1901.

References to the works of Gregory of Tours are to the edition in the Monumenta Germaniae Historica, Hannover, 1885.

CHAPTER I.

ORTHOGRAPHY AND PRONUNCIATION.

As we possess but one manuscript of the Peregrinatio, and that of comparatively late date, it is clearly impossible to determine accurately how far the variations from the classical orthography are to be attributed to the author of the work and to what extent they are to be regarded as errors of the copyist. Many of these same spellings, however, are to be found in the Vulgate and in contemporaneous literature, and are known also from the works of the grammarians.

CONFUSION OF VOWELS.

I. $e = ae$.

 agende = agendae, 14. 31.[1]
 antiphone = antiphonae, 51. 9. 13. 30. 31.
 apte = aptae, 40. 36; 41. 33; 44. 4; 46. 27.
 aputactite = aputactitae, 39. 30; 48. 34.
 auroclaue = auroclauae, 36. 13.
 candele = candelae, 50. 36.
 cede = caede, 20. 30.
 cedat = caedat, 12. 2.
 conuerse = conuersae, 18. 24.
 domine = dominae, 18. 27; 52. 27. Cf. dominae, 8. 6; 26. 35; 27. 20; 31. 33; 32. 4; 53. 12.
 due = duae, 40. 13.
 ducente = ducentae, 44. 26; 51. 1.
 ecclesie = ecclesiae, 7. 16.
 edificauerunt = aedificauerunt, 13. 20; edificauerat, 55. 3.
 encenia = encaenia, 54. 32; enceniarum, 54. 28; 55. 2. 5. 19.
 estimare = aestimare, 5. 13; estimet, 29. 16. Cf. aestimabam, 27. 33.
 estus = aestus, 46. 9.
 etate = aetate, 7. 20; 11. 12.
 Faranite, 12. 5. Cf. Faranitae, 12. 9.
 Gethe = Gethae, 21. 33.
 grece = graece, 14. 16; 54. 14. 15. 17. 19. 21.
 greco, 21. 10; greci, 54. 13. 23.

[1] Unless otherwise stated, all references are to page and line of this edition of the Peregrinatio.

infinite = infinitae, 37. 9.
multe = multae, 19. 30.
optime = optimae, 21. 6.
ostense = ostensae, 18. 35.
parthene = parthenae, 32. 11.
pure = purae, 21. 6.
que = quae, 7. 2 ; 8. 25 ; 10. 10 ; 13. 33 ; 18. 16 ; 24. 16 ; 30. 24 ; 34. 34 ; 38. 9 ; 55. 19 ; quae occurs 158 times.
quecumque, 9. 9 ; 10. 29 ; 33. 32 ; 44. 11 ; 54. 18. Cf. quaecumque, 8. 4 ; 24. 26 ; 40. 36 ; 45. 5.
quedam, 6. 29 ; 10. 26 ; 13. 31 ; 16. 23 ; quaedam is not found.
sancte = sanctae, 29. 21.
seculares = saeculares, 55. 12.
septimane = septimanae, 37. 24.
Sirie = Syriae, 23. 26.
tante = tantae, 54, 9 ; 55. 17.

For a similar confusion of *e* and *ae* in Gregory of Tours, see Bonnet, p. 97.

II. *e = oe*.

amenus = amoenus, 20. 2 ; amenum, 21. 5 ; amenam, 19. 29.
amenissimam, 21. 4. 36.
cepi = coepi, 7. 36 ; 22. 3 ; cepimus, 6. 33 ; 8. 18 ; 16. 32 ; 18. 6 ; 21. 4 ; 22. 13.
ceperit, 32. 18 ; 34. 17 ; 40. 20. 23 ; 41. 34 ; 42. 27 ; 44. 13 ; 48. 33.
ceperunt, 10. 5 ; ceptum, 16. 32.

Compare coepi, 21. 2 ; coepit, 9. 5 ; coeperit, 35. 7 ; 42. 3 ; 46. 32. See Bonnet, p. 104.

III. *ae = e*.

aecclesia = ecclesia, 6. 31 ; 7. 13. 25 ; 29. 31 ; ecclesia occurs 112 times.
In Gregory of Tours aecclesia is found seven times.
cotidiae = cotidie, 33. 29.
Libiadae = Libiade, 16. 34.

IV. *i = y*.

archiotipa = archetypa, 24. 36 ; 26. 13.
Written also archiotepam, 24. 30. Cf. typo, 42. 13.
giro = gyro, 6. 9 ; 7. 30 ; 8. 7 ; 20. 24 ; 25. 23 ; 40. 35 ; 45. 24. 29. 34 ; 52. 32.
girum, 6. 14. 35 ; 8. 36 ; 14. 5 ; 19. 35.
girata, 10. 17 ; girant, 25. 11 ; pergirarent, 25. 20.

Compare the caution "gyrus, non girus," Probi Appendix Keil, iv, p. 197.

martiriorum = martyriorum, 38. 19.

Martyrium occurs frequently ; see Chap. V.

SANCTAE SILVIAE PEREGRINATIO 77

    misterii = mysterii, 53. 31; misteria, 53. 35; 54. 7. 11.
        Misterium is found twice in Gregory of Tours.
    simbolum = symbolum, 53. 6. 8. 26.
    simboli, 53. 6; simbolo, 53. 27.
    Sion, 38. 24; 39. 2. Cf. Syon, 35. 28. 29, and fourteen other occurrences.
    Siri = Syri, 28. 34. 36,; 30. 6. 8; Siria, 23. 26; 24. 4.
        Cf. Syri, 28. 33, and Syriae, 23. 7.
        In Gregory, *y* is almost entirely displaced by *i*. See Bonnet, p. 140.

V. *u = au.*
    clusam = clausam, 25. 23.
        Cf. clausis, 48. 21, and clauduntur, 54. 8.
        cludere is frequent in the Vulgate; see also Petronius, 63.

THE ASPIRATE.

I. Absence of initial aspirate.

    abitationes = habitationes, 10. 15; abitationibus, 10. 16.
        Cf. habitationibus, 16. 9; habitationem, 14. 4; and habitauerant, 29. 3.
    ebdomadarum = hebdomadarum, 37. 31; ebdomadas, 39. 26; ebdomadarios, 39. 14.
        Compare also the derivative form domadarios, 39. 12.
        Hebdomadae is not found in the Peregrinatio.
    eortae = heortae, 37. 30.
    olesericae = holosericae 36. 14; oleserica, 36. 13.
        This same form occurs also in Gregory of Tours, H. F. 6. 10, p. 255.
    ospitium = hospitium, 36. 6.
    ymnus (= hymnus) occurs seventy-two times; the form with the aspirate not at all.

II. Incorrect initial aspirate.

    habundans = abundans, 24. 9; habundantem, 19. 29.
        Compare abundantem, 9. 19, and abundans, 23. 30.
        Habundare is found three times in Gregory.
    hac sic = ac sic, 7. 3. 24. 34; 9. 3. Ac sic is found forty times.
    heramento = aeramento, 20. 27.
    heremum = eremum, 12. 4. 33; 22. 19; 28. 8.
    heremi, 12. 5. 22; heremo, 12. 33; 17. 18.
    hiuit = iuit, 43. 15; hiens, 19. 28; 41. 27; hitur, 36. 25; 44. 32.
        Itur occurs ten times, while other forms of the verb without the aspirate are common.
    hornatus = ornatus, 36. 36.
        Compare ornatus, 36. 10; 37. 2; 47. 34; 55. 20; ornatu, 36. 17.

hostium = ostium, 7. 14. 35; 8. 24; 18. 9; 34. 16.
hostio, 18. 13; hostia, 32. 10; 34. 6; 35. 8.
Compare ostium, 46. 6; ostiis, 48. 22; ostia, 54. 8.
See the Vulgate, John 18:16.
The pronominal forms hii and hisdem are, perhaps, to be added to this group.

III. Incorrect initial aspirate, with prosthesis, forming an additional syllable.

hispatii = spatii, 17. 32.

IV. Omission of medial aspirate.

protraitur = protrahitur, 35. 17.

For a discussion of the confusion of the forms with and without the aspirate, and the evidences in Roman literature, from the celebrated epigram of Catullus down to the Appendix Probi, see Lindsay's Latin Language, pp. 54 ff. Not a trace of initial or medial h appears in the Romance languages.

CONFUSION OF CONSONANTS.

I. Confusion of b and v.

annotavimus = annotabimus, 35. 20. Cf. 35. 29.
Similar futures are found in Gregory; see Bonnet, p. 166, lebat = leuat, 33. 5. But leuat, 42. 6, and leualls, 25. 16.
baluis = ualuis, 51. 4.
In evidence of similar confusion, see Probi Appendix, 199. 22; 200. 9; 201. 4; 202. 19. This phenomenon is also found frequently in Christian inscriptions from Gaul, e. g., bixit for uixit.

II. ch for h.

michi = mihi.
This is the invariable spelling where the word is written in full. In many places in the manuscript it appears as the abbreviation m̃.
nichil = nihil, 7. 22; 14. 7; 18. 23; 30. 33; 36. 12; 46. 13. 24. 25.
nichilominus, 22. 11.

III. c for qu.

secuntur[1] = sequuntur, 35. 32.
Compare sequantur, 53. 9.

Also qu for c.

quooperta = cooperta, 18. 29.

[1] This is really the better form. See Berau, Dié Gutteralen.

Compare cooperit, 18. 34.
Quo and *co* are interchangeable in Gregory. See Bonnet, p. 139.

qu for ch.
in quo ante = inchoante, 41. 27.
Compare inchoans, 52. 36, and inchoantur, 52. 11.

IV. **di for z.**
baptidiare = baptizare.
baptidiati, 47. 18; 48. 9; 53. 34; baptidiantur, 52. 7.
baptidiandi, 52. 33.
Compare baptizasse, 20. 33; baptizandi, 21. 19.[1]
baptizarentur, 21. 20; baptizati, 21. 23.

V. **f for ph.**
neofiti = neophyti, 54. 7.

VI. **t for d final.**
aput = apud, 30. 30; 47. 24. 30.
Compare apud, 23. 11; 37. 22.
illut = illud, 8. 13.
Compare illud, 5. 26; 8. 6; 26. 6.

VII. **d for t final.**
aliquod = aliquot, 15. 25; 25. 24.
Compare aliquot, 18. 32; 23. 26; 24. 5.
So, quod for quot in Gregory of Tours. See also Probi Appendix, 202. 37.
ad = at. Et ad ubi, 33. 4. Compare Et at ubi, 33. 10.

OMISSION IN FINAL LETTERS.

The dropping of final *m* and *s* has played an important part in bringing about the confusion that exists in the case government of prepositions, a point that will be discussed in the fourth chapter. Other instances of this familiar phenomenon of the popular Latin are noted here:

I. Dropping of *m* final in nouns or adjectives.
uallem infinitam ingens planissima, 5. 3.
que ad modum, 9. 33.
licet terra Gesse iam nosse, 12. 23.

[1] The distribution of these forms in *di* and *z* in two distinct portions of the manuscript is noteworthy.

memoriam ualde pulchra sed facta, 26. 25.
locum iuxta puteum iacente, 29. 26.
ut statiua quam factura eram ibi facerem, 30. 32.
cuius simboli rationem similiter sicut omnium scripturarum ratione exponet, 53. 6.

II. Dropping of *m* final in verb forms.
nosse = nossem, 12. 23 ; 15. 17.
uenisse = uenissem, 23. 4.
accedere = accederem, 23. 7 ; 30. 21.

III. Dropping of *s* finál.
piscibus quale ego adhuc nunquam uidi, 25. 3.

OTHER ERRORS IN SPELLING.
calciamentum for calceamentum, 9. 22 ; 10. 2.
oportunum for opportunum, 23. 20.

ASSIMILATION.

There is so striking a lack of uniformity in respect to the assimilated and unassimilated forms in our manuscript as to render it probable that in some instances the spelling of the archetype was followed, while in others the scribe was influenced by his own habit. Geyer (Preface, p. ix) thinks that in the archotype assimilation was disregarded. The following instances of departure from the classical spelling are noted :

I. Unassimilated forms.
adparuit, 22. 25.
    Compare apparet, 18. 24 ; 25. 36 ; apparuit, 26. 1.
adtenduntur, 37. 22.
    Compare attenduntur, 37. 23. 24 ; 47. 31 ; 55. 6 ; attenditur, 27. 28 ; attendent, 46. 4 ; attendunt, 12. 8 ; attendimus, 28. 12.
conpetens, 52. 14.
    Compare competens, 20. 15 ; 29. 25.
inbecillitate, 7. 20 ; 11. 12.
inmorati, 11. 3.
    Compare immorata, 24. 2 ; immorari, 11. 31 ; also commorari, 5. 17 and elsewhere.
inperfecta, 22. 30.
    Compare impediti, 7. 21 ; impensissimam, 8. 28.
inpossibile, 27. 31.
inpugnant, 25. 15.

nunquam, 6. 14 ; 25. 3. 21 ; 37. 26 ; 43. 33 ; 51. 18. 24 ; 54. 16.
nunquid, 31. 3 ; 36. 16.
sollennibus, 35. 19 ; sollennitati, 55. 17.
    Compare sollemnitate, 37. 8.
    Ponpeiopolim for Pompeiopolim, 30. 24, seems to be an instance of false analogy, as if the first syllable were a preposition.

II. Assimilated forms.

aliquandiu, 11. 1 ; 21. 28. 29 ; 48. 30.
tandiu, 11.3.
quandiu, 15. 2.
optulit, 20. 8. 22 ; optulerunt, 37. 18.
quendam, 5. 2 ; quandam, 30. 23.
    An instance of the assimilation of *n* final is found in forsitam mille, 30. 31. On the other hand, we meet forsitan miliario in 17. 3.
    To this list might be added also the proper name, Imbomon (for Inbomon), 48. 13. 32 ; 50. 19.

CHAPTER II.

WORD FORMATION.

Many of the formations characteristic of the colloquial speech, especially the prepositional verb-compounds, are found in the Peregrinatio. For the history of each group, reference is made to Cooper's Word Formation in the Roman Sermo Plebeius.

NOUNS.

I. Nouns in -tor.   Cooper, p. 58.

    deductor; guide.
        ut tamen commonuerant deductores sancti, 5. 7.
    notor; guide
        qui erant loci notores, 18. 7.   Sancti id est loci notores, 22. 6.

II. Nouns in -tio and -sio.   See Cooper, pp. 3 ff.

    actio; Acts of the Apostles
        legitur siue de epistulis apostolorum uel de actionibus, 46. 16.
    uisio; visit.
        propter uisionem sanctorum illorum, 28. 5.

ADJECTIVES.

I. Compounds with per.   Cooper, pp. 252 ff.

    perlustres, 25. 4.
    permodica, 14. 12; permodici, 6. 18.
        See Celsus, 4. 2; also Suetonius, and Ulpian in the Digest.

II. Compounds with sub.   Cooper, pp. 256 ff.

    subdiuanus* = sanctus.
        locus subdiuanus est, 46. 9.
    sublinteatus.*
        mensa sublinteata; with a linen cloth, 45. 24.
            It will be noticed that in both of these adjectives the usual diminutive force of the preposition sub in composition is not apparent.

* Not found in Harper's Latin Lexicon.

III. Adjectives ending in -acus.

ebriacus = ebriosus.
  si ebriacus non est, 52. 18.
      Cf. Laberius apud Nonium, 108. In the Romance languages, it is represented by the Italian briaco and the Old Spanish embriago. The termination may possibly be influenced by the Greek -ακος.

IV. Adjectives in -anus. Cooper, pp. 144 ff.

biduanus* = biduus.
  qui autem nec hoc potest, biduanas facit per totas quadragesimas; "fasts two days through the whole season of Lent," 39. 36.
      Compare secundanus : Martianus Capella, 1. 47.
medianus* = medius.
  tamen ille medianus mons, 6. 15. 20 ; also 7. 2. 21. 29 ; 8. 8. 10. 12.
      See Vitruvius, 5. 1.6 ; Ulpian in the Digest. It is represented by the Italian mezzano and the Spanish mediano.
quintanus = quintus.
  quintana pars ; one of the entrances to a church.
  apertis baluis maioribus quae sunt de quintana parte, 51. 5.
      See Isodorus, Et., XV, c. 2.
septimana,[1] a translation of hebdomas, a week, 30. 15 ; 37. 23. 24. 27 ; 39. 10. 14. 25. 34 ; 40. 8. 11. 12. 14. 16. 18 ; 41. 11. 12. 20 ; 46. 36 ; 47. 1 ; 52. 9 ; 53. 5. 18. 19. 20. 22. 28.
triduanum = triduum.
  triduano facto, 27. 1 ; also statiua triduana, 24. 19 ; 31. 17.

ADVERBS.

The following unusual forms are especially to be noted :

fortuitu = fortuito, 14. 29.
      Fortuito occurs in 38. 21. Fortuitu is a form frequently found in manuscripts. See Neue Formenlehre, II, p. 623, and Priscian Keil, III, 79. 19.
suso, 20. 12 ; susum, 33. 3 ; susu, 44. 8 ; 48. 32.
      Sursum is not found in the Peregrinatio. Susum is frequent in the Vulgate. See Roensch, pp. 460. 461.
taliter.
  quae taliter exponuntur, 53. 16.
      Compare Martial, 5. 7. 3 ; Pliny, N. H , 35. 11. 40 ; Vulgate, 1 Kings 14 : 9 ; 2 Esdras 8 : 17 ; Ps. 147 : 8 ; Heb. 10 : 33 ; also qualitercumque, Justinian Institutes, I, 25. 16.

---

[1] See Vulgate, 2 Mach. 12 : 31.

VERBS COMPOUNDED WITH PREPOSITIONS.

With con-prefix. See Cooper, pp. 262 ff.

configere, 11. 5.
    Found also in Cato and in Cicero's Letters.
collaudare, 54. 10.
    Found also in Plautus and in Cicero's Letters.
commanere, 7. 22 ; 17. 8. 22 ; 19. 36 ; 24. 20 ; 29. 28.
    Compare Augustin, Civ. Dei, 22. 8; Gregory, Mart., 38, p. 513.
commonere, 5. 7 ; 16. 34 ; 22. 20 ; 32. 27 ; 33. 2. 16.
    Found also in Plautus and in Cicero's Letters.
commorari, 5. 17 ; 6. 30. 33 ; 7. 19 ; 11. 1. 18. 26 ; 16. 10 ; 28. 11.
    Found also in Plautus and in Cicero's Letters.
commouere, 54. 12.
    Found also in Plautus and in Cicero's Letters.
contristari, 54. 22.

With in-prefix.

immorari, 11. 3. 31 ; 24. 2.

With per-prefix. See Cooper, pp. 284 ff.

peraccedere, 16. 22.
    Used three times by Gregory of Tours.
perambulare, 11. 21 ; 31. 28.
    Plautus Most, 809 ; also Varro, Lucretius, Catullus, Horace, Phaedrus, Seneca, and the Vulgate.
percurrere, 22. 10 ; 53. 1.
perdescendere, 9. 15.
perdicere, 33. 10.
perdiscoperire, 22. 25.
perducere, 33. 4.
perexire, 9. 6 ; 17. 21 ; 21. 34 ; 30. 31 ; 46. 7.
    See Latin Version of Irenaeus contra Haereses, II, praef. 1.
perintrare, 25. 2.
periungere, 8. 19.
perlegere, 43. 5. 6 ; 44. 20 ; 49. 6.
persubire, 7. 14.
pertransire, 45. 32 ; 46. 1. 3.
    See Pliny, N. H., 37. 5. 68. Frequent in the Vulgate and in Gregory of Tours.
peruenire, 5. 1 ; 6. 25. 26. 28 ; 7. 8. 14 ; 9. 15. 23 ; 11. 29. 34 ; 12. 25 ; 13. 7. 32 ; 15. 14. 22. 24 ; 16. 1. 7. 32. 33 ; 17. 25. 29 ; 21. 5 ; 23. 27. 33 ; 24. 5. 11. 12 ; 26. 33 ; 30. 17. 23. 26. 27 ; 31. 18. 22. 25 ; 33. 20 ; 35. 33 ; 36. 2 ; 42. 17 ; 44. 27. 33 ; 48. 35 ; 50. 35 ; 51. 3.

In many instances, peruenire is not to be distinguished in meaning from the simple verb, as may be seen by a comparison of "In eo ergo loco cum uenitur," 5. 6, with "Et in eo ergo loco cum peruenissemus," 9. 23.

peruidere, 10. 34 ; 12. 24 ; 13. 4 ; 30. 10.
peruigilare, 37. 6 ; 47. 6. 7. 12.

In this list, the following bi-prepositional compounds are included : perexire, persubire, pertransire.

CHAPTER III.

FORMS.

As one would naturally expect from the history of colloquial Latin, the departures from the classical usage are in the Peregrinatio much less frequent in forms than in syntax.

ERRORS IN DECLENSION.

I. Confusion of the neuter plural of the second with the first declension.

> uirgultas for uirgulta, 9. 14.
>> This confusion has had great influence in modern French. See H. Suchier, Archiv., III, 161 ff.

II. Confusion of second and third declensions.

> diaconus is thus declined:
>
> diaconus, 33. 10. 13. 16; 35. 13; 40. 3.
> diacono, 33. 7.
> diacones, 32. 16; 34. 1. 27; 42. 1; 45. 24. 28.
> diaconibus, 15. 36; 33. 6; 34. 10; 45. 33.
>> Diacones is found in the Vulgate, 1 Tim. 3:12; diaconibus; in Cyprian, Ep. 20. 2; 31. 6; 59. 21. For the forms diaconis (gen. sing.), diaconem, diaconibus, in Gregory of Tours, see Bonnet, p. 371.
>
> Corpo as the ablative singular of corpus is found in 32. 1. Corpore, the classical form, is used three times: 22. 27; 29. 15; 32. 5.
>
> Martyr, in the genitive plural, has the forms of both the second and the third declension: martyrorum, 38. 22, and martyrum, 28. 7.

III. Confusion of second and fourth declensions.

> passos = passus, 5. 14; 30. 4.
>> The regular accusative plural, passus, is found in 12. 2. 3; 22. 24; 28. 14. 30; 30. 31; 36. 34; 40. 27. In 14. 1, passus is the nominative plural.
>
> iusso = iussu, 22. 8; 25. 32.

IV. Confusion of the third and fourth declensions.

noctu = nocte; de noctu, 38. 15.
> Compare de nocte, 28. 8.
> It would perhaps be more exact to speak of noctu as an ablative of an old form, noctus, parallel to nox. In classical Latin it occurs only as an abverb and usually in combination with diu.

V. Parallel forms of declension.

Persae, 25. 15. 28. 31. 33; 29. 9; and Persarum, 25. 18; 29. 11; but Persi, 25. 11.

GREEK ACCUSATIVE.

(See Chap. V.)

COMPARATIVE OF THE ADJECTIVE.

iuueniores = iuniores, 47. 10.
> This form is frequent in Silver Latin. See Neue Formenlehre, II, p. 242.

IRREGULAR FORMS OF THE PRONOUN.

ipsud = ipsum, 13. 22; 23. 15; 33. 34; 39. 36; 50. 7.
ipsum (neuter) occurs in 12. 29 and 13. 7.
> See Neue Formenlehre, II, p. 408. Both ipsud and ipsut are found in the Vulgate.

hae = haec.
hae fundamenta, 20. 25.
hii = ii, 25. 31; 26. 6. 11, 14; 32. 12.
> It is possible that this may be a form of hic. hi is found in 6. 13; 25. 32; 39. 12. 13. 25; 52. 7.

hisdem = iisdem, 42. 10; 51. 24; 53. 9; 55. 14. 17.
> Compare isdem, 55. 13.
> There is a possibility that hisdem may represent his with the enclitic dem added.

IRREGULAR VERB FORMS.

In Gregory of Tours there is a marked tendency to inflect verbs of other conjugations (especially those of the third in -io) after the analogy of the fourth. See Bonnet, pp. 426 ff. In the Peregrinatio, however, the greater number of errors seem to be due to the intrusion of the second-conjugation forms.

PRESENT INDICATIVE.

I. First conjugation.
   ambuletur, 12. 4.
   This may be intended as a subjunctive through the influence of the preceding result clause. Elsewhere the regular forms of this verb are used.
   manducent, 39. 29.
   Compare manducant, 39. 16. 27. 32; 40. 1; and manducare, 41. 27.
   Manducent, 39. 15. 24, and manducet, 44. 1, are subjunctive forms.
   uigiletur, 51. 26.
   Compare uigilat, 47. 23; uigilatur, 49. 29; uigilant, 34. 27; 47. 8. 9. 10; and peruigilant, 37. 6; 47. 12.
   Peruigiletur, 47. 6. 7, is a subjunctive.

II. Second conjugation.
   responduntur, 32. 14.
   Perhaps by analogy with the preceding verb, dicuntur et responduntur. Compare respondent, 34. 9.
   seditur, 41. 36.
   Compare sedetur, 48. 30; sedent, 33. 3. 35; 34. 35; 52. 13. 32. 35; sedet, 24. 10; 32. 28; 33. 3; 41. 32; 45. 21; 50. 20. 21; 53. 15; residet, 45. 23. Sedit, in 21. 32; 22. 7, is a perfect.

III. Third conjugation.
   absoluent, 54. 11.
   Compare absoluant, a present subjunctive, 39. 12. 18.
   accedet, 34. 16; 54. 6.
   accedent, 35. 15.
   Compare accedunt, 32. 24; 34. 23; 51. 15; 52. 28; acceditur, 32. 31; 33. 25; and accedit, 44. 14. In 52. 25 accedet is a future indicative.
   ascendet, 41. 31.
   ascendent, 48. 11.
   Compare ascenduntur, 6. 34; ascendit, 48. 29; and ascenditur, 50. 15.
   attendent, 46. 4.
   Compare attendite, 18. 11; attenditur, 27. 28; attendimus, 28. 12; attenduntur, 37. 22. 23. 24; 47. 31; 55. 6; adtendunt, 12. 8; 28. 15.
   colliget, 32. 33; 33. 31; 34. 3; 43. 23; 46. 12.
   colligent, 36. 9; 37. 9; 42. 24.
   descendet, 32. 27; 33. 2; 34. 5.
   descendent, 32. 11. 26; 44. 22.
   Compare descenditur, 48. 16; 50. 28. 32.

SANCTAE SILVIAE PEREGRINATIO   89

dicet, 32. 20. 22; 33. 11, 14; 34. 8; 41. 22; 43. 28; 44. 11. 12; 50. 13;
    53. 27; 54. 25.
dicent, 14. 9.
        Regular present indicative forms of dico are found sixty-
        five times.
benedicet, 32. 22. 24. 30; 33. 17. 21; 35. 13.
        Compare benedicit, 33. 22; 34. 22; and benedicuntur,
        used thirteen times.
ducet, 48. 19.
ducent, 50. 3.
adducetur, 38. 36.
deducet, 38. 28; deducetur, 42. 13.
        Compare ducitur, 34. 20; 42. 29; 53. 17; ducunt, 35. 6;
        49. 2; 51. 11; ducuntur, 47. 20; deducunt, 42. 16; 48. 34;
        adducitur, 45. 4; deducitur, 41. 24; 45. 1.
includet, 31. 6.
        This verb does not occur elsewhere in the Peregrinatio.
leget, 34. 16; 41. 2; 43. 3; 51. 27.
legent, 36. 23.
perleget, 43. 5.
        Regular forms of the present indicative of lego occur
        thirty-two times.
mittet, 9. 14; 33. 13. 16; 35. 12; 41. 19. 22; 43. 27.
dimittetur, 47. 29.
        Compare mittit, 8. 14; 15. 5; 40. 22; 46. 2; 50. 12; mittitur,
        47. 6; dimittitur, 42. 19.
occurrent, 40. 29; 50. 36.
also percurret, 53. 1.
        Occurrit is a perfect form in 7. 15; 20. 31; 40. 28. 31.
ponet, 47. 4; ponent, 12. 6.
exponet, 53. 7. 8; 54. 5; reponent, 34. 30.
        Compare ponunt, 7. 31; ponitur, 45. 22. 23. 26; 46. 13;
        52. 31; 53. 24; interponuntur, 46. 26; 50. 23; exponuntur,
        53. 14. 16; 54. 18; exponunt, 54. 23; exponitur, 54. 22.
premet, 45. 28.
        This verb does not occur elsewhere in the Peregrinatio.
prendet, 34. 15.
        Compare comprehenditur, 41. 8.
reddet, 53. 26.
        There is no other present indicative form of this verb in
        the Peregrinatio.
requiret, 52. 19.
        Compare requiris, 29. 5.
tendent, 12. 7.
        Compare tenditur, 9. 31; tendunt, 21. 13.
tollent, 14. 14.
        There is no other present indicative form of this verb in
        the Peregrinatio.

uadent, 14. 13; 33. 23; 35. 32; 36. 6; 42. 36; 44. 1; 45. 19; 50. 18; 51. 33. 34.
uadet, 33. 20; 51. 35; 53. 25.
> Compare uadunt, 49. 21.

Third conjugation in io.

accipient, 53. 5.
> Compare accipit, 43. 2. 14.

incipient, 33. 18.
> Compare incipitur, 11. 36; incipit, 36. 1; 39. 9; 44. 33; 45. 3.

incipiunt, 32. 18; 55. 6.

The passive indicative of facio.

facitur, 43. 26.
fiat, 35. 30. The text, however, is incomplete.
fiet, 37. 34; 51. 10.
> fit occurs ninety times and fiunt thirteen times.

FOURTH CONJUGATION.

custodiatur, 35. 19.
custodent, 45. 29.
> Compare custoditur, 23. 15; 45. 29. 34; custodiatur is a subjunctive in 26. 22. There is, perhaps, a first-conjugation verb derived from custodia, as we may infer from the imperfect custodiabatur in the Vulgate, Luke 8:29.

IRREGULAR VERBS.

exient = exeunt, 47. 19.
> Compare exit, 25. 6; 34. 20.

deferet, 52. 18.
offeret, 40. 21; 43. 31; 47. 27; offeritur, 43. 33.
proferitur, 45. 26.
> Compare offertur, 49. 36; 50. 11; profertur, 36. 15; affertur, 32. 35; 45. 24; inferuntur, 34. 13.
> The present indicative forms afferet and auferet occur in the Vulgate.

INCORRECT IMPERFECT INDICATIVE.

eminerat = eminebat, 18. 17.
> A form, confringeram, is found in Gregory, H. F., 8. 15, p. 335, which is, however, probably intended for a pluperfect.

INCORRECT FUTURE INDICATIVE

peruidet, 10. 34. Sed cum leget affectio uestra libros sanctos Moysi, omnia diligentius peruidet. Peruidet is probably influenced

by the preceding leget and is intended as a genuine future;
thus it is to be distinguished from the several instances of the
use of the present indicative with the force of a future.

INCORRECT PERFECT INDICATIVE.

arguet, 49. 5.
  The verb does not occur elsewhere in the Peregrinatio.
ei for iui, 15. 3.
  The text is, however, in doubt. See Critical Apparatus.

INCORRECT PRESENT SUBJUNCTIVE.

acclinant, 45. 31.
  The only other form of this verb is acclinantes, 45. 36.
accedet, 52. 23.
  Emendet se et cum emendauerit se, tunc accedet ad
lauacrum. Here accedet may be influenced by the preceding emendet.

INCORRECT PERFECT PASSIVE PARTICIPLE.

ostensus from ostendo.
ostensus, 11. 4; 16. 4; 18. 25; 19. 10; 22. 22. 23; 30. 3. 8.
ostensa, 10. 31; 11. 4; 13. 20; 19. 2; 30. 7.
ostensum, 13. 8. 12. 16; 18. 2; ostense, 18. 35.
  See Servius to Verg. Georgics, I, 248: "Veteres participium *ostentus*, non *ostensus* dicebant."
uenitum = uentum, 39. 2.
  Compare uentum, 40. 33; 42. 18; 43. 1; 45. 2; 47. 2; 48. 19;
49. 3; 50. 5. 30; 51. 8. 12; peruentum, 33. 20; 36. 2; 44. 27.

PARTICIPLE ENDING IN O FOR UM.

subito fuerit, 50. 18.
  This error is undoubtedly the consequence of the dropping of the final *m*.

SUPINE.

dormito = dormitum; reponent se dormito, 34. 30.
  This is the only instance of the supine in the Peregrinatio. It is a striking coincidence that the only accusative supine used by Gregory of Tours has a similar termination, H. F., 5. 15, p. 207, ulto irent.

ACTIVE VERB AS A DEPONENT.

optati sumus, 17. 4.
  No other form of the verb occurs in this work.

DEPONENT VERBS IN THE ACTIVE.

egredere = egredi, 18. 7.
 Compare egressi sumus, 7. 35; 18. 12; 27. 15; egreditur, 35. 15; egredienti, 35. 15.
 See egredire, Gregory, H. F., 9. 10, p. 367, and egrederes, Patr., 10. 2, p. 707.

furasset, 45. 33; dicitur quidam fixisse morsum et furasset sancto ligno. The text is clearly corrupt; but a natural emendation is that of Geyer, furasse de. An active form is at any rate evidently intended. The verb does not occur elsewhere in the Peregrinatio. Gregory of Tours uses the active forms, furauit and furauerat.

CHAPTER IV.

SYNTAX.

A.—*Syntax of the Noun.*
PREPOSITIONAL PHRASES.

The confusion between the accusative and the ablative in the case government of prepositions is one of the striking phenomena of popular Latin, especially in the later period. The most probable explanation seems to be found in the dropping of the final *m*, which would thus in many instances render impossible any distinction between the accusative and the ablative. For a discussion of this point, see the article of Diehl, "De *m* finali epigraphica," in Fleckeisen's Jahrbücher, 1899, Supplement-Band XXV, Heft 1. It is evident that in many of the examples from the Peregrinatio the ablative cannot be explained as the accusative incorrectly written or pronounced; e. g., ad Charris in monasteriis; yet these instances are relatively few, and it is quite conceivable that the confusion began with those nouns the accusative of which, owing to the silent final *m*, could not be distinguished from the ablative, and then, naturally enough, was extended to other words. Thus, the feeling for the case construction being in large part lost, it is not strange that a tendency in the opposite direction makes itself felt and the accusative sometimes takes the place of the ablative. It is quite in accord with this theory that, as will be shown by statistics later, in both the Peregrinatio and in Gregory of Tours, the greater number of the cases of irregularity are due to the intrusion of the ablative into the sphere of the accusative. The following prepositions are used with the regular case construction without any exception—apud, ex, extra, infra, prae, sub, subter, supra, trans, ultra. Secundum is found but once as a preposition, and then correctly with the accusative, in 34. 33.

These prepositions are used in irregular constructions:

I. A or ab:
    a) With the accusative.
        a monazontes, 37. 3.
    b) With the ablative, fifty-five times.
        Ab is found with the accusative in the Vulgate,[1] John 5:13, 24, and elsewhere.

II. Ad:
    a) With the ablative.
        ad Anastase, 38. 3. 15. 36; 39. 8; 41. 9. 25; 42. 14. 18. 21. 29. 34 43. 12. 21. 34; 47. 2. 6. 20. 26. 35; 48. 4. 5. 16. 35. 36; 49. 1. 12. 16; 51. 8. 18. 26; 53. 17; 54. 3. 6. 30.
        ad Carris, 27..2.
        ad sexta, 32. 31; 38. 16; 42. 22; 43. 22; 47. 15; 49. 13.
        ad tertia, 38. 9; 42. 22; 43. 21; 47. 14; 53. 18.
        ad nona, 38. 18. 22. 24; 42. 23; 46. 13; 52. 3.
        ad sera, 40. 1.
        ad hora quinta, 44. 3.
        ad quinquagesima, 49. 10.
        ad ecclesia maiore, 51. 2.
        ad die, 53. 18.
        ad tantam laetitia, 55. 11.
    b) With the nominative.
        ad minimus infans, 44. 21.
    c) With proper names not declined.
        ad Joseph, 13. 34; ad Abraam, 27. 4; ad Nisibin, 29. 6; ad Hur, 29. 7; ad Eleona, 48. 29; ad Syon, 49. 2; 51. 12.
    d) With the accusative.
        ad with the accusative is found 274 times, including all the phrases cited above with the ablative, e. g., ad Anastasim (eleven times) and ad Anastasem (four times).

III. Ante:
    a) With the ablative.
        ante pascha, 37. 22. 23.
        ante sole, 39. 18. Compare ante solem, 39. 5. 8. 11.

---

[1] The references to the Vulgate in this chapter are taken from Roensch and refer to the so-called Versio Antiqua. There is naturally great diversity of spelling in the older manuscripts, and in many instances the classical form is found in Sabatier, Latinae Versiones Antiquae.

ante Cruce, 46..13; 48. 6. Compare ante Crucem, 33. 24. 25.
28; 45. 2. 16; 46. 9.
de ante Cruce, 46. 34.
ante hora tertia, 50. 2.

 b) With the accusative.
  ante is found with the accusative thirty-three times.

 c) The adverb ante occurs six times.
  Ante with the ablative, in the Vulgate, Ps. 71:7 and Matt. 24:38.

IV. Cata = Greek κατά :

 a) With the accusative.
  cata mansiones, 12. 33.
  cata singulos ymnos, 32. 14. 17; 33.-36.
  cata singulos psalmos, 34. 26.
  euangelio cata Johannem, 46. 33.

 b) With the ablative.
  euangelio in cata Matheo, 43. 4.
  cata pascha, 21. 18.

V. Circa :

 a) With the ablative.
  circa puteo, 29. 28.

 b) With the accusative six times.
  Circa with the ablative is frequent in the Vulgate, Matt. 3:5; 20:3; 27:46; Mark 6:48; and elsewhere.

VI. Contra :

 a) With the ablative.
  contra ipso loco, 25. 29.

 b) With the accusative twice.

 c) With proper name not declined.
  contra Jericho, 16. 13.

 d) The adverb contra occurs ten times.

VII. Cum :

 a) With the accusative.
  cum epistolam, 26. 21. Cf. cum epistola, 26. 17.
  cum monazontes, 32. 16.
   Monazontes is found in this form only. So a monazontes, 37. 3.

    b) With the ablative, ninety-four times.

> Several instances of the accusative construction are found in the Vulgate, e. g., cum publicanis et peccatores, Matt. 9:11.

VIII. De:

    a) With the accusative.

> de eo torrentem, 22. 8.
> de Ierapolim, 23. 32.
> de cancellos, 32. 30, influenced, perhaps, by de intro cancellos, 32. 23.
> de Anastasim, 33. 19.
> de martyrium, 47. 2. Compare de martyrio, 48. 4.
> de actus, 50. 5. 25.
> de hoc ipsud, 50. 7.

    b) With the ablative, 208 times.

    c) With proper names not declined.

> de Hero, 13. 32; de Tathnis, 15. 21; de Ierusolima, 15. 36; 19. 23; 23. 18; 40. 26; de Nabau, 17. 7; de Segor, 18 31. 33; de Tharso, 30. 19. 23; de Sion, 39. 2; 40. 9; de Imbomon, 44. 14.
>> De is found several times with the accusative in the Vulgate.

IX. Foras:

    a) With the ablative.

> foras ecclesia, 54. 10.

    b) With the accusative.

> foras hostium, 7. 35; 18. 9.
> foras ciuitatem, 25. 17; 27. 11. 20.

    c) As an adverb.

> 18. 13; 27. 16; 33. 33; 52. 22.
>> Both foras and foris are used with the accusative in the Vulgate. See Matt. 23:26; Acts 16:13; Apoc. 11:2.

X. In:

    a) In with the ablative instead of the accusative.

> in loco, 5. 6; 9. 22; 11. 35; 12. 11; 15. 29; 28. 21. 22; 41. 35; 44. 9; 45. 16; 48. 21; 50. 19.
> in quo, 6. 15. 20; 15. 29; 19. 11.
> in illo, 6. 16.
> in summitate, 7. 14.

in qua, 8. 19.
in alio monte, 8. 19.
in porta, 10. 19.
in monte, 11. 12; 41. 31; 50. 18.
in monasteriis, 11. 14. 23; 30. 2.
in quo loco, 12. 11.
in terra, 13. 35 (three times), a quotation from the Bible; but the Vulgate reads "in terram."
in honore, 14. 10.
in Pelusio, 15. 5.
in ciuitate, 15. 14; 25. 22.
in eodem campo, 16. 22.
in ducentis passibus, 20. 36.
usque in hodierna die, 21. 18.
in alio loco, 22. 28.
in caelis, 23. 12; 41. 35; 44. 9; 48. 14; 50. 20. 26; 55. 25.
in interiori parte, 25. 2.
in patria, 26. 33. 35.
in Charra, 27. 6. 26; 28. 23. Compare in Charram, 27. 5.
in ipsa ecclesia, 27. 13; 36. 28.
usque in luce, 32. 13.
in ecclesia maiore, 34. 32; 35. 26; 36. 9; 41. 15. 22; 42. 23; 48. 2. 7; 49. 15. 33; 53. 23; 55. 23.
in A(na)stase, 36. 2; 37. 12; 38. 29; 42. 30; 54. 8.
in templo, 37. 16.
in Lazario, 40. 23. 33.
in altiori loco, 41. 2.
in quinta feria, 41. 7.
in septimana, 41. 11.
in ecclesia, 42. 36; 43. 28; 44. 2; 51. 6; 55. 24.
in spelunca, 43. 12.
in lacrimis, 34. 19; 43. 17.
in mensa, 45. 26. 27.
in sepulcro, 47. 4.
in martyrio, 49. 14.

The two cases are combined in 12. 2, in ducentis passus.

To this list, in Lazariu, 36. 33, which illustrates the loss of final *m*, is perhaps to be added. In all, there are ninety-one instances of the ablative instead of the accusative.

b) In with the accusative in its regular construction is found only thirty times.

c) In with the accusative in place of the regular ablative.
in montem, 10. 6; 11. 4. 6. 26.

in summitatem, 20. 5.
in heremum, 22. 19.
in eadem ciuitatem,[1] 24. 19, where the two cases are combined.
in ipsa ciuitatem,[1] 28. 9.
in confinium, 29. 10.
in ecclesiam maiorem, 35. 30.
in martyrium, 47. 16; 50. 1.
  A total of twelve instances.

d) In with the ablative in its regular construction occurs 295 times.

e) In with proper names.
 in Faran, 11. 18. 27; in desertum Faran, 11. 32.
 in Clesma, 12. 20.
 in Ierusolima, 35. 33; 36. 21; 37. 4. 8. 9; 49. 26; 55. 11.
 in Helia id est in Ierusolimam, 15. 26.
 in Arabot Moab et Iordane, 16. 13.
 in Ierusolimis, 23. 18; in Ierusolimam, 19. 15. 19; 22. 34; 23. 4.
 in Sodomis, 20. 31.
 in Enon, 20. 34.
 in Persida, 26. 2; 29. 6.
 in Golgotha, 34. 32; 35. 26; 36. 9. 22. 29; 38. 2; 41. 16; 45. 22; 54. 29.
 in Syon, 35. 28. 29; 36. 34; 33. 18. 21. 23. 24. 35; 40. 17; 45. 19; 48. 18. 21; 49. 17; 50. 4. 8; 51. 20; 52. 5.
 in Bethleem, 36. 11; 37. 1. 6; 47. 36; 49. 20. 22.
 in Eleona, 36. 31; 41. 23. 28. 32; 43. 28; 44. 1; 47. 36; 48. 5. 11. 12; 50. 13. 19. 29; 55. 24.
 in Bethania, 41. 3. 7.
 in Imbomon, 41. 34; 44. 8; 43. 13. 32; 50. 19.
 in Gessamani, 44. 22. 25. 27.

It will be seen from the lists given above that in the Peregrinatio the tendency to use the ablative with in is marked. In is found with the accusative correctly 30 times, incorrectly 12 times; a total of 42 instances. On the other hand, it is used with the ablative correctly 295 times, incorrectly 91 times; a total of 386 occurrences with the ablative.

Bonnet, p. 522, gives the following statistics based upon the first 100 pages of Gregory's History of France: cum, with the

---

[1] Such confusion of cases is probably due to the carelessness of the scribe in the use of the abbreviation for final *m*.

accusative, 8 times; with the ablative, 212; de, with the accusative, 8 times; with the ablative, 242; in, with the accusative for the ablative, 31 times; in, with the ablative for the accusative, 81 times; in, used correctly, 418 times. For the confusion of case-construction with this preposition in the Vulgate, see Roensch, pp. 406 ff.

XI. Inter:
    a) With the ablative.
        inter Cruce et Anastase, 46. 11,
    b) Inter with the accusativo is found twelve times.

XII. Intra:
    a) With the ablative.
        intra ciuitate ipsa, 27. 7.
        intra Anastase, 37. 33.
        intra spelunca, 43. 1.
        intra qua ecclesia, 55. 25.
    b) Intra with the accusative occurs eight times.
    c) With a proper name not declined.
        intra Ramesse, 14. 26.

XIII. Intro:
    a) With the ablative.
        intro spelunca, 32. 20; 34. 13.
        intro Anastase, 51. 28.
    b) With the accusative.
        de intro cancellos, 32. 20. 23. 36; intro cancellos, 34. 15; 47. 20.
        intro speluncam, 34. 5.
        Intro is not found as an adverb.

XIV. Iuxta:
    a) With the ablative.
        iuxta aqua ipsa, 17. 23; iuxta parte, 26. 13.
        iuxta septimana omne, 41. 20.
    b) Iuxta with the accusative is found forty-five times.
    c) With an indeclinable proper name.
        iuxta Salim, 20. 34.

d) As an adverb.

    9. 21; 20. 26; 24. 36; 29. 22.

XV. Per:

  a) With the ablative.

    per ualle illa, 5. 11; 9. 30.
    per heremo, 12. 33.
    per media Ramesse, 14. 2.
    per biduo, 15. 13.
    per Palestina, 15. 25.
    per triduo, 36. 29.
    per toto anno, 38. 33.
    per tota septimana, 39. 24; per ipsa septimana, 46. 36.
    per tota die, 43. 9; 51. 18.
    per epiphania, 47. 35; 55. 21. 22.
    per pascha, 33. 32; 37. 14; 47. 33; 48. 17; 55. 20. 22.

        The two cases are confused in 45. 1, per totam ciuitate. A total of twenty-two instances with the ablative.

  b) Per with the accusative occurs seventy-nine times.

  c) With a proper name.

    per Iericho, 19. 14.

        In the Vulgate per is several times found with the ablative, e. g., per eadem uia, Luke 10:31.

XVI. Post:

  a) With the ablative.

    post lectione, 16. 25.
    post missa, 39. 23. 25. 28; 48. 17; 53. 34.
    post cena, 41. 7.
    post sexta, 48. 28; 49. 20; 50. 13.
    post pascha, 49. 19.

        In all, eleven instances with the ablative.

  b) Post with the accusative, twenty-seven times.

  c) As an adverb post is found twice.

    Et post dixit, 25. 13. Et post facta missa uenitur, 47. 24.
    Postea also occurs twice.

XVII. Praeter.

    Praeter occurs only in the phrase "praeter oblatio," 38. 26.

        The nominative may be due to the use of praeter as a conjunction, equivalent to nisi.

XVIII. Pro:
  a) With the accusative.
   pro hoc ipsud, 33. 34; pro monazontes, 35. 32.
  b) With the ablative pro occurs twelve times.

XIX. Prope:
  a) With the ablative.
   prope luce, 36. 1; prope episcopo, 52. 32.
  b) With the accusative.
   prope radicem, 7. 28.
  c) Prope is used twice as an adverb.
   prope usque ad quintam horam, 35. 16.
   ad horam prope secundam, 45. 12.

XX. Propter:
  a) With the ablative.
   propter populo, 51.1.
  b) With the accusative, sixteen times.
   Compare, in the Vulgate, propter eo, Rom. 8:20, 37; Heb. 3:19; 5:14; 10:6.

XXI. Super:
  a) With the ablative.
   que inspiciebat super ipsa ualle, 10. 10.
   quem uides super ciuitate hac, 25. 27.
  b) Super with the accusative occurs ten times. In one of these passages it is equivalent to de, super hanc rem, 18. 30. In two others the phrase takes the place of a dative case (see p. 105).
  c) Super is an adverb in 44. 26; candelae super ducente.

PREPOSITIONS WITH ADVERBS—COMPOUND PREPOSITIONAL PHRASES.

a contra, 18. 36; 19. 3.
a foras, 18. 35. (So, a foris, in the Vulgate.)
ab olim, 31. 23.
a semel, 25. 32. Cf. de semel, Vulgate, Isa. 66:8; ad semel, Gregory, H. F., 4. 31, p. 167.
ad mane, 38. 9. 16; 41. 14; 42. 21; 43. 21; 47. 11; 49. 13.

ad subito, 21. 30; 22. 14; 25. 16.
ad sero, 47. 1.
ad tunc, 22. 26.
contra faciem Jericho, 15. 31. Cf. a facie Achab, 8. 21, and Augustin. De Ciuitate Dei, 16. 24; et posuit ea contra faciem alterum alteri.
de ante Cruce, 46. 34. Cf. ab ante (French, avant), in the Vulgate.
de contra (adverb), 6. 23; 10. 9; 13. 9; 13. 15; 24. 33; 30. 3.
de foris (adverb), 32. 35. Found in Vulgate; also Herm. Pastor, III, 97.
de inter montes, 11. 35; 12. 11. 15.
de intro cancellos, 32. 20. 23; 33. 1.
e contra, 22. 14. Found in Vulgate; also Servius, ad Aen., VII, 796, and XI, 660.
in ante, 13. 6; 27. 1.
in cata Matheo, 43. 4.
in giro colliculo, 20. 24.
in giro parietes, 8. 7.
in giro mensa, 45. 24.
in giro = circa (adverb), 40. 34; 45. 23. 31; 52. 32.
in hodie, 5. 21; 8. 24; 9. 14; 10. 8. 16; 14. 6; 16. 10; 18. 1. 22; 21. 10. 32; 22. 30, 24. 7; 25. 32. 35; 26. 1.
in mane, 39. 2. 7; 40. 10; 44. 36; 47. 9.
in medio quinta feria, 39. 35.
in Choreb, 8. 20. The phrase is a proper name.
intus in Persida, 29. 6.
per girum = circa, 6. 13. 35; 8. 36; 14. 5.
per girum ipsius colliculi, 19. 35.
per giro = circa, 6. 9; 7. 29; 25. 23.

PREPOSITIONAL PHRASE FOR A CASE-CONSTRUCTION.

The analytic method of expressing the relation of nouns to other words in the sentence by means of prepositional phrases, rather than by case-constructions, so characteristic of the Romance languages in contrast to classical Latin, must have been developed even at a comparatively early period in the people's speech. Its progress is believed to have been especially rapid in the Gallic Latin; so that the large number of examples in the Peregrinatio is quite significant.

I. Ad-phrase with a verb of saying.
    dixisse ad Ioseph, 13. 34.
    dicens ad eum, 15. 29.
    ait ad me, 26. 15.
    dicente Domino ad Abraam, 27. 4.

Pilatum ad Dominum dixisse, 45. 5.
Also with audire.
qui ad audiendum intrant ad ea quae dicuntur, 53. 14.
The dative with dicere occurs fourteen times: 9. 21; 10. 2; 13. 8. 11. 32; 19. 6; 20. 2; 21. 9. 18; 22. 5; 28. 18. 19; 44. 19; 43. 23; with ait eight times: 20. 16. 23; 24. 24. 34; 27. 17; 23. 25. 35; 29. 4.
Gregory uses the ad-phrase with both of these verbs.

II. Ad-phrase for the ablative.

commoueri ad ea, 54. 12.
ad diem = die, 27. 24; 28. 3.

III. Ad-phrase for the dative.

Cum Moyses acciperet legem ad filios Israhel, 8. 35.
Cum haec ad uestram affectionem darem, 31. 34.
So in C. I. L., IX, 3513 (57 B. C.). Si pecunia ad id templum data erit: quod ad eam aedem datum erit. In Gregory, H. F., 3. 6, p. 114: dant ad eum uoces.

IV. Ad-phrase to express place where.

ad Egyptum fueram, 12. 23.
ad Thebaidam fueram, 14. 33; 15. 17.
ad ipsum fontem facta est oratio, 21. 13.
fui ad ecclesiam, 27. 6.
ad sanctam ecclesiam nichil aliud est, 30. 33.
facta oratione ad Martyrium, 31. 11. Compare also 42. 28. 34; 43. 11. 26; 46. 35; 52. 13. 31.
haec operatio ita habetur ad Crucem et ad Anastasim, 33. 30.
fit oratio ad Crucem, 42. 19.
orare ad columnam illam ad quem flagellatus est Dominus, 45. 20.
fit ergo lucernarium tam ad Anastase quam ad Crucem, 49. 1. 12; 51. 26.
quae est ad Anastase, 54. 30.
Compare Terence, Phormio, 598, ad forum eum opperiri. Varro ap. Nonum, 133; Cicero, ad fam., 11. 18, ad omnia templa gratulationem fecimus; and Pliny, Ep., 2. 2. 3. See Krebs-Schmalz, Antibarbarus, p. 76. Ad is used in the Vulgate for both apud and in.

V. Ad-phrase to express time when.

Item ad lucernares similiter fit, 35. 17.
ad horam sextam aguntur; similiter et ad nona, 52. 2. 3.
ad singulas lectiones et orationes tantus affectus et gemitus est, 46. 27.

iuxta consuetudinem ad tertia: item fit ad sexta: ad nonam
autem non fit, 47. 14.
totum ad momentum fit, 47. 23.
fit missa ad tertia, 53. 18.

VI. Ad for apud.
fui ad episcopum, 30. 27.
ad nos, 47. 17. 32. Compare apud (aput) nos, 37. 22; 47. 24. 30.

VII. De-phrase for the genitive.
clerici de ipsa ecclesia, 29. 29.
dederunt eulogias id est de pomis, 7. 26.
de quibus abitationibus fundamenta parent, 10. 16.
episcopo de Arabia, 14. 15.
fundamenta de castris et habitationibus, 16. 9.
presbyter loci ipsius, id est de Libiadae, 16. 34.
apertis baluis maioribus quae sunt de quintana parte, 51. 4.
fundamenta de palatio, 20. 25.
de argento et heramento modica frustella inuenit, 20. 27.
eulogias id est de pomario, 21. 24.
omnia hostia de basilica, 35. 8.
numerus autem uel ponderatio de ceriofalis uel cicindelis aut
lucernis, 36. 15.
sed tantum aqua et sorbitione modica de farina, 40. 6.
summitates de ligno sancto, 45. 28.
diaconibus de Ierusolima, 15. 36.
episcopus loci ipsius id est de Segor, 18. 31.
For the development of this construction see P.
Clairin, Du Génitif latin et la préposition de. Many
parallels are to be found in Gregory. Bonnet, pp. 610 ff.

VIII. De-phrase to express partitive idea.
Ubi de spiritu Moysi acceperunt septuaginta uiri, 10. 23.

IX. De-phrase for in, with the ablative.
et de scripturis bene instructus, 20. 17; 28. 17.
Cf. in scripturis eruditus, 14. 20. 36; 35. 2.

X. De-phrase for the ablative of means.
episcopus de manibus suis summitates de ligno sancto premet,
45. 27.
primum de fronte sic de oculis tangentes crucem, 45. 36.
So, in the Vulgate, et nunc occidam de lancea, 1 Sam.
26:8; Gregory, H. F., 1. 10, p. 39, horrea de lapidibus
quadris aedificauit. Four other examples are cited by
Bonnet.

XI. De-phrase for the ablative of time.
de alia die quinquagesimarum omnes ieiunant, 51. 22.

XII. De se for ipse.
Quae aecclesia habet de se gratiam grandem, 7. 13.

XIII. In-phrase for genitive of the charge.
in aliquo accusatur, 52. 21.

XIV. Super-phrase for the dative case.
imposuerat manus super eum, 16. 15.
super me misericordiam praestare, 31. 32.

PREPOSITIONS WITH AN UNUSUAL MEANING.

I. Ad equivalent to apud.
See examples cited above.

II. De for ex.
exiremus de aecclesia, 7. 25.
exeuntes de Hero, 13. 32.
egredere de ecclesia, 18. 7.
exeuntes de ualle, 11. 9.
exeuntes de Ramesse, 12. 25.
exi de terra et de domo, 27. 5.
de palatio exit, 25. 6.
de spelunca eicitur, 32. 36.
exient de fonte, 47. 19.
 The confusion of these two prepositions is frequent in Gregory.

III. Iuxta, according to.
iuxta scripturas, 5. 1; 11. 25; 13. 1.
iuxta quod ei fuerat reuelatum, 22. 21.
iuxta consuetudinem, 9. 26; 13. 11. 28; 17. 19; 20. 13; 21. 34; 24. 13; 33. 4; 35. 5. 17; 36. 26. 27; 38. 24; 40. 17; 41. 9. 15. 18; 43. 22. 35; 47. 14. 22; 49. 15. 29. 36; 51. 23. 28; 52. 3. 5.

The following synonyms for this last phrase indicate an effort on the part of the author to avoid monotony:
ex consuetudine, 12. 9; id consuetudinis erat, 16. 27.
sicut habent consuetudinem, 17. 12.
singula quae consuetudinis erant facere, 21. 15.
sicut est consuetudo, 30. 1; 38. 12.
sicut solet esse consuetudo, 33. 7.
secundum consuetudinem, 34. 33.

quae consuetudinis sunt, 37. 19; 41. 13; 42. 20.
quae consuetudinis est, 43. 20; 47. 23.
omnia quae consueuerunt agi, 47. 1.
consuetudinaria aguntur, 49. 13.
quae consuetudinaria sunt, 49. 32. 34; 52. 2.
aguntur omnia legitima, id est offertur iuxta consuetudinem, 49. 35.

IV. Pro equivalent to propter.

qui tamen pro etate aut inbecillitate occurrere non poterant, 11. 12.
qui ibi nunc praesidet pro disciplina Romana, 13. 10.
qui nobis pro disciplina Romana auxilia praebuerant, 15. 2.
attendimus locum illum pro memoria illius, 28. 13.
luminaria pro hoc ipsud pendent, 33. 34.
pro monazontes qui pedibus uadent necesse est leuius iri, 35. 32.
pro sollemnitate autem et laetitia ipsius diei infinite turbae se colligent, 37. 8.
pro populo ne fatigentur, 51. 3.

Pro is found with its regular meaning in 7. 30 and 47. 22.

V. Super equivalent to de.

fallere uos super hanc rem, 18. 30.

This meaning of the preposition is not unknown in classical Latin; e. g., Horace, Odes, 3. 8. 17, mitte ciuilis super urbe curas.

OMISSION OF PREPOSITION.

non ipsa parte exire, 9. 7.
signa locis et locis ponent, 12. 6.
illa parte ostensus est mons, 19. 8.
qui est medio uico positus, 20. 5.
usque tertium miliarium, 25. 19.
mansi loco, 31. 24; sedent locis suis, 33. 3; loco sunt, 34. 29.
si aliud animo sederit, 32. 3.
sicut et singulis locis sanctis fit, 38. 6.
quia in Golgotha est et ideo Martyrio, 41. 16.
ponitur episcopo cathedra media ecclesia maiore, 52. 12.

Cf. ponitur cathedra episcopo in ecclesia maiore, 52. 32.

stant loco, 52. 33.
omni laetitia eadem die celebrarentur, 54. 36.

Cf. aguntur omnia cum summa laetitia, 37. 13.

diversis locis sanctis proceditur, 55. 21.

SANCTAE SILVIAE PEREGRINATIO

B.—*Irregularities of Case Construction.*

I. Accusative for predicate nominative.
>ad ciuitatem que appellatur Ponpeiopolim, 30. 24.

II. Apparent ablative for predicate nominative.
>in ciuitate quae appellatur Corico, 30. 26.
>in basilica quae est loco iuxta Anastasim, 33. 33.
>>Probably loco stands for in loco.
>
>in ecclesia maiore quae appellatur martyrio, 38. 2.

III. Nominative for accusative.
>nunc est comes, sed grandis; quod nos dicimus vicus, 13. 25.
>id est dendrosa lethiae, quod nos dicimus arbor ueritatis, 14. 17.
>quod hic appellant eortae, id est quadragesimas, 37. 30.
>in septimana paschale, quam hic appellant septimana maior, 41. 12.
>illa una septimana paschalis, quam hic appellant septimana maior, 53. 23.

IV. Apparent ablative for accusative.
>Sane licet terra Gesse iam nosse, 12. 23.
>Nam (ciuitas) ecclesia habet et martyria, 24. 8.
>necesse me fuit ibi statiua triduana facere, 24. 18.
>cuius archiotipa uides iuxta parte posita, 26. 13.
>post biduo quam ibi feceram, 29. 19.
>feci postmodum septimana, 30. 15.; ut statiua ibi facerem, 30. 32.
>ille eos uno et uno benedicit, 32. 24.
>sed (gustent) tantum aqua et sorbitione modica de farina, 40. 6.
>quia citius missa fieri necesse est, 43. 24.
>sicut omnium scripturarum ratione exponet, 53. 7.
>>Most of these apparent ablatives may best be explained by the theory of the silent final *m* of the accusative. See p. 93.

V. Extent of space:
>*a)* Regular classical construction.
>>per iter quod ierant, 12. 14.
>>iter nostrum quo ueneramus reuersi sumus, 12. 16.
>>ambulauerunt iter suum, 12. 18.
>>quantum irent dextra tantum reuerterentur sinistra, 13. 5.
>>quantum denuo in ante ibant, tantum denuo retro reuertebantur, 13. 6.
>>uolebam discere loca quae ambulauerunt filii Israhel, 15. 18.
>>et iter omne quod iueramus regressi sumus, 19. 14.
>>perexiuimus iter nostrum, 21. 34; ire cepimus iter nostrum, 22. 12.
>>profecta sum iter meum, 31. 17.

b) Expressed by the ablative.
   >iter nostrum quo ueneramus, 12. 17.
   >iter nostrum quo ibamus, 21. 27.

VI. Duration of time :
   a) Expressed by the ablative.
   >commorati sunt his diebus, 5. 18.
   >fuit ibi quadraginta diebus et quadraginta noctibus, 5. 19.
   >mansimus in ea nocte, 6. 31.
   >fuerunt castra his diebus quibus Moyses fuit in montem, 10. 6.
   >biduo immorari, 11. 31.
   >aliquo biduo ibi tenuit nos episcopus, 14. 32
   >plorauerunt filii Israhel quadraginta diebus, 16. 13.
   >post tot annos quibus sedebat in heremum, 22. 19.
   >quam tamen custodierunt mensibus aliquod, 25. 24.
   >et cum toto anno semper dominica die procedatur, 35. 25.
   >nunquam hic toto anno sabbato ieiunatur, 37. 27.
   >sicut et toto anno dominicis diebus fiet, 37. 34.
   >quae et toto anno dominicis diebus fiunt, 37. 35.
   >sicut et toto anno, 38. 8. 10. 17 ; 39. 32; 49. 12. 32 ; 51. 23. 25 ; 52. 4.
   >tota autem nocte uicibus dicuntur psalmi, 39. 5.
   >aguntur ea quae totis quadragesimis, 42. 22.
   >quoniam et tota nocte laborauerint et laboraturi sint ipsa die, 45. 7 ff.
   >qui non illa die illis tribus horis ploret, 46. 30.
   >tota nocte dicuntur ymni, 47. 10; tribus horis docentur, 53. 18.
   >octo diebus attenduntur, 55. 5.
   >>The ablative is used much more frequently by Gregory than the accusative to express duration of time. See Bonnet, p. 555. The construction has a much wider range even in classical Latin than is generally recognized in the grammars. See Draeger, Historische Syntax, I, 534.

   b) Expressed by the accusative or by a per-phrase.
   >iter facientes per biduo, 15. 13 ; per quas ieramus tres annos 23. 1.
   >haec operatio per dies sex habetur, 33. 29.
   >per triduo *homines laetitia celebratur, 36. 29.
   >per octo dies omnis laetitia celebratur, 36. 36.
   >per totos octo dies is ornatus est, 37. 2.
   >consuetudo est per totum annum agi, 38. 13.
   >per toto anno, 38. 33; per totas quadrigesimas, 39. 36.
   >quae factae sunt per sex septimanas, 40. 18.
   >aguntur omnia per tota die, 43. 9 ; per totum annum, 43. 32.

per illas tres horas docetur populus, 46. 24.
per ipsa septimana agi, 46. 36; 47. 1.
fiunt missae per octo dies, 47. 32. 34.
hoc per totos octo dies fit, 48. 16.
Nam semper ipsos dies sicut toto anno consuetudinaria aguntur, 49. 12.
per ipsos dies quadraginta quibus ieiunatur, 52. 29.
per illos dies quadraginta, 53. 1. 10; per illos dies, 53. 4; 54. 1.
per tres horas fit cathecismus, 53. 11.
per septem septimanas, 53. 18. 28.
per octo dies paschales, 53. 34.
per singulos dies proceditur, 55. 21.

  The combination of the two constructions is to be noticed in 49. 12 and 52. 29.

  The simple accusative occurs twice, the per-phrase twenty-seven times.

VII. Apparent ablative to express limit of motion.

perueni Pelusio, 15. 22; reuersa sum Tharso, 31. 16.
Ierusolima colligunt, 55. 14.

  The regular accusative is employed as follows: 14. 2; 15. 17; 23. 21; 24. 11; 30. 19; 31. 22. 25. 29. 35. Tatnis in 15. 14 (peruenimus Tatnis) is evidently indeclinable, the same form being used as a nominative in the following line.

VIII. Nominative absolute.

et benedicens nos episcopus profecti sumus, 22. 32.
dictus etiam unus psalmus et iterata oratione et sic benedicens nos episcopus egressi sumus, 27. 14 ff.
et sic exiens de cancellos similiter ei ad manum acceditur, 32. 30.
Inde descenditur cum ymnis, omnis populus usque ad unum toti cum episcopo ymnos dicentes, 50. 32.

  The following is, perhaps, rather an example of anacolonthon: Ac sic ergo facientes iter singulis diebus ad subito de latere sinistro, unde e contra partes Fenicis uidebamus, apparuit nobis mons ingens, 22. 13 ff.

  The participle stands alone as a nominative absolute.
Ingressi autem in ecclesia dicuntur ymni, 51. 6.

  See W. Hartel, Archiv., III, p. 41; also Vergilius Maro, Ep., 5. 1. 19. Nominatiuus casus participii modo et ablatiuus sepe pro se inuicem ponuntur, quod sit rectum an secus eorum qui ita scribunt arbitrio relinquamus.

  This construction is frequent in Gregory of Tours. It is noteworthy, however, that the accusative absolute, which he uses freely, is not found in the Peregrinatio.

IX. Confusion of ablative and nominative absolute.

factis orationibus et cetera quae consuetudo erat fieri, 24. 14.
facta oratione nec non etiam et lecta omnia actus Sanctae Teclae, 31. 11.
et completo eárum septimanarum uigiliae, 40. 8.
> The ablative of the participle is used with a substantive clause.

excepto si martiriorum dies euenerit, 38. 19.
> Cf. Augustin, De Ciuitate Dei, I, 9. Excepto enim quod unusquisque quamlibet laudabiliter uiuens cedit carnali concupiscentiae.
>
> The regular ablative absolute construction is found ninety-six times.

X. Adverbial accusative.

> A striking example of this rather rare construction is found: Ministerium omne genus aureum gemmatum profertur, 36. 14, "Every kind of service of gold and jewels."

XI. Cognate accusative.

> A rather unusual cognate accusative is met with in 52. 3: iuxta consuetudinem quam consueuit toto anno fieri.

XII. Genitive for dative with a verb compounded with sub.

quae subiacet montis Dei, 9. 11.
> This probably merely an error in writing. Cf. subiacere monti Dei, 10. 31.

XIII. Accusative for the locative.

quando Alexandriam fueram, 15. 17.
> As in occasional colloquial English, "I had been *to* Alexandria."

XIV. The locative case of nouns not names of cities.

et sic fit missa Anastasi, 33. 17.
ornatus sit illa die ecclesiae uel Anastasis aut Crucis aut in Bethleem, 36. 10.
cum missa ecclesiae facta fuerit, 36. 25.
ut fiat missa ecclesiae, 35. 3.
post missa ecclesiae 39. 28. Cf. fit missa in ecclesia maiore, 36. 22.
post missa Martyrii 41. 26; facta missa Martyri, 43. 30. Cf. ad Martyrium, 41. 21; 42. 23.

XV. Logical, not grammatical, agreement.

maxima autem turba peruigilant, alii de sera, alii de media nocte, 47. 11.
nisi testimonia habuerit qui eum nouerint, 52. 25.

SANCTAE SILVIAE PEREGRINATIO 111

XVI. Attraction of the relative to the case of its antecedent.

    ut si probauerit sine reprehensione esse de his omnibus quibus requisiuit, 52. 19.
        Cf. Cicero ad Fam., 5. 14. 1: et aliquid agas eorum quorum consuesti; also Horace, Sat., I, 6. 15; Vulgate, Luke 1:1.

XVII. Miscellaneous mistakes in agreement.

    uallem infinitam ingens planissima, 5. 3.
    per ualle illa quam dixi ingens, 5. 11.
    lecto ergo ipso loco omnia de libro Moysi, 7. 23.
    ostenditur ibi altarium lapideum quem posuit ipse Helias, 8. 25.
    ad quem petram, 10. 13.
    nunc est comes sed grandis, quod nos dicimus uicus, 13. 25.
    de illa statua quas dixi,[1] 14. 22.
    pulchriorem territorium, 15. 11.
    in summitatem ipsius fabricam, 20. 5.
    uisis omnibus locis ad quos me tenderam,[2] 23. 5.
    unde denuo proficiscens peruenimus Edessam, 24. 10.
    fontes piscibus pleni quale[3] ego nunquam uidi, 25. 3.
    ad illum palatium superiorem, 26. 26.
    uisis etiam sanctis monachis uel aputactites, 31. 15.
        Aputactites, perhaps, for aputactitis.
    in omnibus sanctis locis quos superius nominaui,[2] 37. 1.
    reuertuntur omnes rectus ad Anastase, 41. 9.
    quotquot sunt infantes usque etiam quae ambulare non possunt, 42. 10.
    cum factum fuerit missa, 42. 28.
    orare ad columnam illam ad quem, 45. 20.
    quasi atrium ualde grandem et pulchrum, 46. 10.

XVIII. Omission of quam after a comparative.

    immorata sum ibi plus media die, 24. 2.
    est hora plus decima, 50. 31.
    episcopi plus quadraginta aut quinquaginta sunt, 55. 15.

XIX. Milia as an adjective.

    milia passos forsitan sedecim, 5. 14.
    quattuor milia passus sunt, 14. 1.

---

[1] Probably for de illas statuas, with dropping of final s.

[2] As against these two instances of the masculine plural of locus, the neuter, loca, occurs twenty-seven times, excluding the neutral form, locis. On the other hand, loca, in the sense of passages in a book, is found in 44. 5 and 46. 17.

[3] Probably for quales, with dropping of final s.

B.—*Syntax of the Verb.*

I. Tense-uses:

a) Present with force of future.

> The use of the present with a genuine future meaning is, of course, not strictly confined to the colloquial Latin, although in the classical writers it is far less frequent and is limited to comparatively few verbs. It seems to be a survival from a very early period when the present tense was employed without any distinct differentiation between present and future time.

Sed cum leget affectio uestra, omnia peruidet, 10. 34.

> Peruidet may be a future form, however. See p. 90.

uide terram quam ego do filiis Israhel,[1] 15. 33.
si uultis uidere aquam, potestis uidere; si tamen uolueritis laborem uobis imponere, 16. 36 ff.
accedite foras hostium ecclesiae .... et uidete. Et dicimus uobis, 18. 9 ff.

> Compare Dic filia, quod uis, et dicam tibi, 28. 18.

nam si uis, ecce modo pedibus duco uos ibi, 20. 36.
si libenter habes, quaecumque loca sunt hic grata ...., ostendimus tibi, 24. 26 ff.
cum uolueris ire, imus tecum et ostendimus tibi, 28. 36.
non credo, nisi uidero, 48. 24.

b) Sequence of tenses.

> There is one strange instance of a pluperfect in a result clause:

ita tamen ut lapis cum corpore non moueretur in alio loco, sed ibi, ubi inuentum fuerat corpus, positum esset et ut corpus subter altarium iaceret, 22. 27 ff.

II. Substantive clauses for the infinitive construction.

a) With dico.

dicent eo quod filii Israhel eas posuerint, 14. 9.
episcopus dixit quoniam iam aliquot anni essent a quo non pareret columna illa, 18. 31.
tunc dictum est quia in isdem diebus castra ibi fixa habuissent, 19. 6.
Illud etiam presbyter sanctus dixit nobis eo quod usque in hodierna die semper cata pascha quicumque essent baptizandi in ipso uico, id est in ecclesia, quae appellatur opu Melchisedech, omnes in ipso fonte baptizarentur, 21. 17 ff.

---

[1] A quotation from the Bible. The Vulgate reads, "quam ego tradam filiis Israel," Deut. 32:49.

dicentibus aliis apostolis quia Dominum uidissent, 48. 23.
dicens eo quod ex ea die custodiatur, 26. 20 ff.

Of the conjunctions introducing the substantive clause, eo quod is used three times, quia twice, and quoniam once. The infinitive is found after dico ten times : 9. 1; 10. 31; 14. 8. 11; 18. 3; 23. 8; 25. 1; 45. 32; 46. 18. 22. In 45. 32 there is apparently a combination of the two constructions : dicitur quidam fixisse morsum et furasset.

b) With retulit.

Sanctus episcopus retulit eo quod Farao quando uidit quod filii Israhel dimiserant eum, tunc ille priusquam post illos occuparet, isset cum omni exercitu et incendisset eam omnem, 14. 24. The change of mood is to be noted.
Illud etiam retulit sanctus episcopus eo quod hii fontes ubi e rupe ierunt ante sic fuerit campus, 26. 6.
Eo quod is the conjunction in both passages.

c) With scio.

Illud uos uolo scire qui ita infra nos uidebantur esse illi montes, 8. 6 ff.
hoc solum scio quia postmodum puer Abraae uenerit, 28. 22.
sciens quia libenter haberetis haec cognoscere, 32. 9.
Deus autem scit quoniam maiores uoces sunt fidelium, 53. 12.
The indicative occurs twice; the subjunctive, twice. Quia is employed twice as the conjunction; quoniam, once. The form qui is doubtless an error.

d) With credo.

Sed michi credite quia columna ipsa non paret, 18. 27.
Nam michi credat uolo affectio uestra quoniam nullus Christianorum est qui non se tendat, 23. 15.
credidit ei quia esset uere filius Dei, 24. 35.
Quia is used twice; quoniam, once; the indicative mood, twice; the subjunctive, once. The infinitive construction is found only in 13. 4.

e) With uideo.

Video is followed by a substantive clause only once : quando uidit quod filii Israhel dimiserant eum, 14. 24.
The accusative and infinitive occurs in 7. 8; 19. 22; 20. 28; 24. 24; 25. 25.

f) With testor.

scriptura hoc testatur quoniam huc uenerit puer sancti Abraae et denuo sanctus Iacob hic uenerit, 28. 30.
Compare quem se illuc missurum Deus noster testatus est, 23. 11.

g) With promitto.
>> tu promiseras ne aliquis hostium ingrederetur ciuitatem, 25. 14.
>>> Compare qui hoc promiserat futurum, 26. 1.

h) With ostendo.
>> The two constructions are combined in 46. 21: ut ostendatur omni populo quia quicquid dixerunt prophetae futurum de passione Domini, ostendatur tam per euangelia quam etiam per apostolorum scripturas factum esse.

i) With inuenitur.
>> et hoc per scripturas inuenitur quod ea dies sit enceniarum, 55. 1.
>>> Eo quod is used to introduce an infinitive in 27. 35: quia audieram eos eo quod extra diem paschae et extra diem hanc non eos descendere.

The following table will show the conjunctions employed in the various substantive clauses, and also the use of the moods:

	eo quod.	quod.	quia.	quoniam.	ne.	qui (?).	indic.	subj.
dicere	3	0	2	1	0	0	0	6
retulit	2	0	0	0	0	0	0	2
scire	0	0	2	1	0	1	2	2
credere	0	0	2	1	0	0	2	1
uidere	0	1	0	0	0	0	1	0
testari	0	0	0	1	0	0	0	1
promittere	0	0	0	0	1	0	0	1
ostendere	0	0	1	0	0	0	0	1
inuenitur	0	1	0	0	0	0	0	1
Total	5	2	7	4	1	1	5	15
indicative	0	1	1	2	0	1	5	
subjunctive	5	1	6	2	1	0	15	

Gregory of Tours uses the substantive clause with all of these verbs cited above. See Bonnet, pp. 659–71, where the following statistics are given for the first fifty pages of the History of France:

	indic.	subj.
quia	10	1
quod	2	8

He does not mention any occurrence of eo quod — a usage that is difficult of explanation according to the common theory that the substantive clause with these verbs has been influenced in its development by the Greek ὅτι clause. For the construction in the Vulgate, see Roensch, p. 402. Quod, quia, and quoniam are the conjunctions there used.

A Germanic development is suggested by Sittl, Die lokalen Verschiedenheiten der lat. Sprache, p. 56. Later he seems to refer to Greek influence (pp. 110 ff.), where he also gives a survey of the extended use of the construction in African Latin. Probably the earliest occurrence of the construction is found in the Bellum Hispaniense, chap. 36: legati renuntiauerunt quod Pompeium in potestate haberent.

III. Indicative in indirect questions.

> Ostenderunt quemadmodum eorum abitationes habuerant, 10. 14.
> dixit nomen ipsius arboris quemadmodum appellant eam, 14. 16.
> et dicimus uobis singula quae sunt loca haec quae parent, 18. 11.
> et illud etiam scribere debui quemadmodum docentur hi, 52. 6.
>
> The subjunctive in indirect questions occurs seventeen times.
>
> For a discussion of the use of the indicative in indirect questions see the dissertation of Dr. Tibbetts.
>
> In Gregory the two moods occur indifferently, and even in the same sentence, e. g., Mart. 105, p. 560, interrogant quid de tanta fecisset pecunia aut si ea eroganda temporis sui permisit spatium.

CAUSAL CLAUSES.

I. Introduced by cum:

a) With the indicative once.

> cum hi omnes tam excelsi sunt, 6. 13.

b) With the subjunctive five times:

> 8. 10; 23. 3; 23. 36; 30. 21; 35. 25.

II. Introduced by quod, quia, quoniam.

> Quia occurs forty-four times, quoniam forty times, and quod only five times, introducing a causal clause. The indicative is the mood employed, except in the following instances:

quoniam, sicut in euangelio scriptum est, ante sex dies paschae factum hoc fuisset in Bethania, 41. 5.
sabbato autem quod manducauerint, 39. 26.
confortans eos quoniam et tota nocte laborauerint et adhuc laboraturi sint, 45. 7. The subjunctive is here due to the implied oratio obliqua.

The subjunctive is found of the false reason as contrasted with the true, in two passages:
non quia inpossibile esset, sed quia audieram, 27. 34.
non quod illi soli communicent, sed omnes communicant, 39. 19.
In 38. 18 the main clause of the verb seems to have dropped out.
quoniam in istis locis, excepto si martiriorum dies euenerit, semper quarta et sexta feria etiam et a cathecuminis ieiunari et ideo ad nonam in Syon proceditur.

III. The infinitive takes the place of a causal clause in two passages.

ut quamuis durissimus possit moueri in lacrimis Dominum pro nobis tanta sustinuisse, 34. 18.
qui tantum ploret Dominum pro nobis ea passum fuisse, 46. 30.

IV. Quando occurs in 55. 14, in what is perhaps a causal clause.

Episcopi autem, quando parui fuerint, hisdem diebus Ierusolima plus quadraginta aut quinquaginta sunt.
The general sense of the passage, however, seems to demand an adversative clause.

RESULT CLAUSES.

I. With the indicative.

Ecclesia ingens et ualde pulchra et noua dispositione ut uere digna est esse domus Dei, 24. 16.
inde sic uenitur, ut cum intratur in Astase, iam et tota lucernari sic dicuntur ymni et antiphonae, fiunt orationes et fit missa lucernaris in Astase et ad Crucem, 38. 29 ff.
semper tales pronuntiationes habent ut et diei et loco conueniunt, 50. 23.

II. Indicative and subjunctive combined.

filios Israhel sic ambulasse, ut quantum irent dextra, tantum reuerterentur sinistra: quantum denuo in ante ibant, tantum denuo retro reuertebantur, 13. 4 ff.

III. The subjunctive in a result clause is found thirty-eight times.
> Ten clear instances of the indicative from Gregory are given by Bonnet (p. 680); two also of the indicative and subjunctive combined (p. 679).

PURPOSE CLAUSES.

I. Expressed by the infinitive.
> unusquisque animosi uadent orare, 45. 19.
> reuertitur omnis populus resumere se, 50. 14.

II. Expressed once by the supine.
> reponent se dormito (= dormitum), 34. 30.

III. The gerund or gerundive with the prepositions ad or propter is used thirteen times. Cf. ad resumendum, parallel to resumere.

IV. The subjunctive with ut or ne occurs forty-seven times.
> Cf. Gregory, Patr., 14. 2, p. 719, abiit implere iussionem.
> Bonnet (p. 647) gives ten other examples of the infinitive, in one of which its subject is not that of the main verb.

CONSTRUCTIONS WITH DIGNUS.

I. The infinitive.
> qualis dignus est esse in eo loco, 7. 17.
> digna est esse domus Dei, 24. 17.
> quos dignum erat de ore illorum procedere, 29. 35.

II. A qui-clause.
> dignus qui praesit in hoc loco, 20. 20.

SUBSTANTIVE CLAUSES.

I. Consecutive ut-clauses with the indicative.
> sic est ut portraitur missa, 35. 16.
> consuetudo est ut omnes semel manducant, 39. 30.
>   Compare with these the following :
> consuetudo est ut non manducent, 39. 24.
> sic est ut omnes sequantur, 53. 9.
>> The subjunctive in a similar substantive clause occurs twenty-seven times. In 45. 30 consuetudo est ut acclinant se osculentur et pertranseant, if the text is correct, acclinant is probably intended as a subjunctive.

II. There are seventeen volitive or optative substantive clauses in all of which the subjunctive is employed.

III. The following substantive clauses are introduced by quod:
>nisi quod hic medianus praecedebat, 8. 12.
>nisi quod maior est Eufrates, 23. 36.
>tantum modo quod uigiliae [fiunt], 40. 16.
>tantum quod diacones soli stant, 42. 1.
>id solum additur quod omnes uadent,[1] 42. 33 ff.
>tantum quod ymni uel antiphone dicuntur, 51. 31.
>iuxta quod ei fuerat reuelatum, 22. 21. Quod is here probably the relative pronoun.

TEMPORAL CLAUSES.

The following conjunctions are employed with the mood and tense indicated:

I. Cum:
   a) With the present indicative.
   >5. 7; 38. 29; 50. 35.

   b) With the future indicative.
   >10. 33.

   c) With the imperfect subjunctive.
   >5. 23; 8. 34; 13. 29; 20. 1; 25. 18. 24; 31. 33. (7)

   d) With the perfect subjunctive.
   >33. 20; 34. 17; 35. 7; 36. 2. 25; 37. 21; 33. 27; 40. 12. 23. 28. 33; 41. 13. 34; 42. 3. 18. 27. 28; 43. 1; 44. 13; 44. 27; 45. 27; 46. 31; 47. 2. 18; 48. 19. 33; 49. 2. 32; 50. 5. 27. 30; 51. 8. 12; 52. 10. 22; 53. 21; 55. 5. (37)
   >>All of these are iterative clauses and occur in the description of the *operatio*, or ritual.

   e) With the pluperfect subjunctive.
   >6. 16; 7. 13; 8. 2; 9. 22; 11. 29; 13. 15; 14. 21; 16. 22; 17. 11; 20. 13. 16. 22; 22. 25; 24. 12; 25. 15; 26. 17; 27. 6. 13; 29. 23; 30. 14. 27; 31. 2. 10. 29; 41. 3. (25)

II. Ut:
   a) With the perfect indicative.
   >statim ergo ut haec audiui, descendimus, 20. 10.

---

[1] Vadent is probably indicative. See p. 90.

- b) With the perfect subjunctive, iterative, in description of the ritual.

    statim ut manducauerint, omnes uadent, 44. 1.

- c) With the subjunctive, meaning "until."

    superabant milia tria ut perexiremus montes ipsos, 9. 6.
    quando due superant ut pascha sit, 40. 13.

III. Quando:

- a) With the indicative.

    quando de eo loco primitus uidetur mons Dei, 5. 9.
    quando ei dixit Deus, 9. 21; 10. 2.
    Farao quando uidit, 14, 24.
    quando Alexandriam fueram, 15. 17.
    quando sanctus Iesus traiecerat, 16. 2.
    quando accepit filias Laban Syri, 28. 32.
    id est quando due superant, 40. 13.
    id est quando unus ex discipulis ubi non erat, 48. 22.
    ut sequantur scripturas quando leguntur, 53. 9.
    quam quando sedet, 53. 15.
    dies enceniarum appellantur quando sancta ecclesia consecrata est, 54. 28.
    quando primum sanctae ecclesiae consecrabantur, 54. 34.

- b) With the subjunctive in an iterative clause.

    etiam quando completae fuerint septimanae quinque, 53. 4.

- c) As a temporal adverb in an indirect question.

    non legi quando in isto loco transierint, 28. 22.

IV. Qua equivalent to quando:

- a) With the indicative.

    ubi fuit sanctus Helias qua fugit, 8. 21.
    his diebus qua fecerant uitulum, 10. 11.
    id est qua primitus ad Egyptum fueram, 12. 23. Cf. 15 17.
    in isdem diebus qua filii Israhel pugnauerant, 19. 6.
    qua ei occurrit Melchisedech, 20. 31.
    qua famis fuit, 22. 8.
    de hora sexta qua de Syon uenitur, 40. 9.
    in mane sabbato qua oblatio fit, 40. 10.
    in quinta feria qua comprehenditur Dominus, 41. 7.
    alia die qua[1] intratur in septimana, 41. 11.
    qua hoc factum est ut superius diximus, 50. 10.

[1] A reads quae.

excepta die sabbati qua nunquam ieiunatur, 51. 24.
cathecuminus autem non intrat tunc qua episcopus docet, 52. 35.
ut ea dies esset qua crux inuenta fuerat, 54. 36.

b) With the subjunctive, probably by attraction.

inuenitur quod ea dies sit qua Salomon steterit et orauerit, 55. 2.

In 40. 9; 41. 7. 11; 51. 24. 35, and 55. 2, quae may be the relative pronoun.

V. Quemadmodum:

a) With the indicative.

singula que admodum uenimus per uallem demonstrabant, 9. 33.
cetera loca quemadmodum profecti sumus ceperunt ostendere, 10. 4.
quemadmodum ibamus de contra uidebamus summitatem, 10. 9.
ut quemadmodum reuertebar inde ad Mesopotamiam irem, 23. 21.

b) With the subjunctive in an iterative clause.

quemadmodum ingressus fuerit populus, dicet psalmum, 34. 8.
id est de hora lucernari quemadmodum intratum fuerit, 39. 3.
et quemadmodum prandiderint dominica die non manducant, 39. 15.
ut aliquemadmodum (for alii quemadmodum) manducauerint dominica die non manducent, 39. 23.
quemadmodum enim missa facta fuerit, 50. 2.
quemadmodum subito (subitum) fuerit in monte, 50. 18.
quemadmodum missa facta fuerit, 54. 2.

In some of these examples, it is difficult to distinguish the temporal and the causal force of quemadmodum.

VI. Ubi:

a) With the indicative.

quae fuit illo tempore id est ubi occurrit Ioseph patri suo, 13. 24.
si tamen labor dici potest ubi homo desiderium compleri uidet, 19. 21.
ubi stat episcopus intro cancellos prendet euangelium, 34. 15.

b) With the subjunctive in an iterative clause.

Ubi ceperit lucescere, tunc incipiunt ymnos dicere, 32. 18.

SANCTAE SILVIAE PEREGRINATIO

Ubi perducti fuerint, lebat se episcopus, 33. 4.
Ubi diaconus perdixerit omnia, dicet orationem episcopus, 33. 10.
At ubi autem missa facta fuerit, 35. 4.
Ubi intrauerit populus, intrat episcopus, 35. 9.
Ubi resumpserit se populus, colligent se omnes, 36. 8.
at autem ubi illa perlegerit, fit oratio, 43. 6.
qui locus at ubi lectus fuerit, tantus rugitus est, 43. 16.
ante Crucem autem at ubi uentum fuerit, 45. 2.
at ubi autem osculati fuerint, stat diaconus, 46. 2.
at ubi autem sexta hora se fecerit, sic itur, 46. 8.
ac ubi autem missa facta fuerit, statim . . . . aguntur ea, 46. 34.
Ubi cum uentum fuerit, leguntur lectiones, 51. 12.

VII. Postquam (postea quam, postmodum quam):

  a) With the indicative.

  postquam ibi perueni, 6. 26.
  posteaquam communicaueramus, 7. 34.
  posteaquam priores illas fregerat, 8. 3.
  posteaquam scripserat Aggarus rex, 25. 8.
  sed postmodumquam hii fontes eruperunt, 26. 11.
  postea ergo quam haec retulit episcopus, 26. 15.
  post biduo autem quam ibi feceram, duxit nos, 29. 19.

  b) With subjunctive in second person indefinite.

  posteaquam descenderis, 6. 22.

  c) With subjunctive in iterative clause.

  posteaquam missa facta fuerit, 42. 33; 43. 11.
  posteaquam dicti fuerint psalmi, 48. 15.
  post (= postquam) autem uenerint dies paschae, 54. 1.
    In 23. 11 the subjunctive is due to the oratio obliqua.
  quem se illuc missurum posteaquam ascendisset, Deus testatus est, 23. 11.

VIII. Mox.

  Mox is used as a conjunction, equivalent to postquam, three times with the subjunctive in an iterative clause.
Mox autem primus pullus cantauerit, statim descendet episcopus, 34. 4.
non manducant nisi sabbato mane, mox communicauerint, 39. 16.
ut exorcizentur, mox missa facta fuerit, 52. 30.
  Cf. Vulgate, Mark 6 : 26 : Mox audiit, noluit eam contristari. Juvencus employs this conjunction four times.

IX. Priusquam.

>There is only one instance of priusquam, where it stands within a substantive clause after retulit.
>
>episcopus retulit eo quod Farao quando uidit quod filii Israhel dimiserant eum, tunc ille, priusquam post illos occuparet, isset cum omni exercitu, etc., 14. 24 ff.

X. Antequam (only with the subjunctive).

>ante tamen quam eum subeas, 6. 22, indefinite second person.
>ante quam subeas, 6. 24, indefinite second person.
>antequam perueniremus ad montem, cognoueram, 6. 25.
>qui antequam videret Deum credidit ei, 24. 35.
>ut antequam sit hora tertia, illuc eatur, 35. 29.
>ante tamen quam lux fiat, 36. 1.
>ante quam fiat missa, mittet uocem, 41. 19.
>ibidem antea autem quam fiat missa mittet uocem, 43. 27.
>post hoc ergo missa facta de Cruce id est antequam sol procedat, 45. 18.
>
>The last three instances occur in iterative clauses.

XI. Dum:

    a) Meaning "while," used four times with the indicative.

>dum enim uerentur antecessus ueniunt, 33. 34.
>quae praedicationes dum dicuntur grandis mora fit, 35. 3.
>quoniam dum praedicant uel legent, omnia apta ipsi diei, 36. 23.
>haec dum aguntur, facit se hora quinta, 33. 4.

    b) Meaning "until," once, with the subjunctive.

>ubi sederant filii Israhel dum Moyses ascenderet in montem 9. 32.

XII. Donec:

    a) Once with the indicative.

>dicuntur psalmi donec commonetur episcopus, 32. 27.

    b) Six times with the subjunctive.

>donec peruenias ad radicem, 7. 1, indefinite second person.
>commorati sunt donec Moyses ascenderet, 11. 1.
>immorati sunt donec fieret tabernaculum, 11. 3.
>quae tetigerant euntes donec peruenirent ad mare, 12. 25.
>fecerunt iter donec peruenirent ad mare, 13. 7.
>cepimus ire donec perueniremus, 21. 4.

XIII. Quousque, equivalent to dum or donec.

>Used once, with the subjunctive.
>feci postmodum septimana quousque ea pararentur, 30. 14.
>Cf. Historia Apollonii, XXXIV.

XIV. Quotiensque and quotienscumque.

    Each occurs once with the indicative.
Nam et postmodum quotienscumque uoluerunt uenire, haec epistola prolata est, 26. 3.
Ut palatia quotiensque fabricabantur, semper in editioribus locis fierent, 26. 10.

    In view of the wide range of the iterative subjunctive in the Peregrinatio, one is surprised to find both quotiens and quotienscumque with the indicative. Yet this is consistent with the general use of these conjunctions, even in quite late Latin. See O. F. Long, "On the Usage of Quotiens and Quotienscumque, in Different Periods of Latin," pp. 40 ff.

XV. Ubicumque.

    As a temporal conjunction is found only with the indicative.
ut ubicumque ad loca desiderata accedere uolebamus, ibi fieret oratio, 16. 27. Cf. 16. 31.
quae consuetudinis nobis erant facere ubicumque ad loca sancta ueniebamus, 21. 16.

    Ubicumque is also used in the sense of "wherever," as the equivalent of quocumque, which is not found.
ut ubicumque uenissemus, semper ipse locus legeretur, 8. 30.

    The subjunctive is here, perhaps, due to attraction. The indicative is elsewhere the mood employed.
qui dignati sunt me per monasteria sua, ubicumque ingressa sum, suscipere, 29. 34.
legitur et de apostolo siue de epistulis apostolorum uel de actionibus ubicumque de passione Domini dixerunt, 46. 15 ff.

XVI. Temporal clauses introduced by a relative:

    a) Quod.

his diebus quod sanctus Moyses ascendit in montem, 5. 18.
intus autem quod ingrederis, plures sunt, 6. 10.
qui locus ad quod lectus fuerit, tantus rugitus est, 44. 29.

    b) A quo, equivalent to "since."

de eo tempore a quo ad Thebaidam fueram, 14. 33.
septimanae quinque a quo docentur, 53. 5.
dixit quoniam iam aliquot anni essent a quo non pareret columna illa, 18. 31 ff.

    The subjunctive probably due to Oratio Obliqua.
cum iam tres anni essent a quo in Ierusolimam uenissem, 23. 4.

    The mood here may be influenced by the preceding subjunctive.

c) In quo, meaning "while."

>in quo autem ingressus fuerit, 42. 29; an iterative clause.
>>In Gregory post-quod is equivalent to post quam, H. F., 4. 21, p. 158; Mart., 58, p. 528. Quod is also used for ex quo, H. F., 6. 33, p. 274; Mart., 3. 23, p. 638; 4. 1, p. 649.

ADVERSATIVE CLAUSES.

a) With cum.

>Two instances, both in the subjunctive, 6. 19; 7. 27.

b) Quamuis occurs once, limiting the adjective of the clause.

>ut quamuis durissimus possit moueri in lacrimis, 34. 18.

c) Quamlibet occurs once with the force of quamuis.

>quamlibet sero sit, tamen fit lucernare, 42. 18.
>>Cf. Gregory, H. F., 6. 35, p. 275; 6. 43, p. 282; Augustin, De Civitate Dei, 6. 1.

d) Licet, with present or perfect subjunctive.

>licet et tectum non sit, 8. 35.
>licet semper Deo gratias agere debeam, 11. 19.
>licet tamen adhuc fructus afferat, 14. 12.
>episcopus licet siriste nouerit, 54. 15.

With imperfect or pluperfect subjunctive in violation of the usual "sequence."

>sane licet terram Gesse iam nossem, 12. 23.
>et licet ea loca iam nossem, 15. 16.
>et licet in patria exemplaria haberem, 26. 31.

e) Quamquam is not used in the Peregrinatio.

AC SI EQUIVALENT TO TAMQUAM.

a) Introducing a subjunctive clause.

>ut ita infra nos essent ac si colliculi essent, 6. 17.
>ita infra nos uidebantur esse ac si colliculi essent, 8. 10.
>tanti nitoris ac si de margarita esset, 24. 32.
>>In each case the force of the clause is that of an unreal condition.

b) Introducing a phrase.

>subis ac si per parietem, 6. 36.
>colliget se omnis multitudo ac si per pascha, 33. 32.
>omnia aguntur ac si per pascha, 37. 13.

In 25. 6 ac sic is probably a mistake, as ac si would seem the more natural reading.
quae (aqua) est ac sic fluuius ingens argenteus.
Ac si is frequent in Gregory. See Bonnet, p. 322.

GERUND.

a) Equivalent to a participle.
   loca sancta omnia quae filii Israhel tetigerant eundo uel redeundo, 11. 16.
   Cf. loca quae filii Israhel tetigerant euntes, 12. 24.
   habens iter eundo per mansiones octo, 19. 25.
   sic redirent . . . . dicendo psalmos, 21. 21.
   ubi quidem Tharso et eundo Ierusolimam iam fueram, 30. 18.
   prouincias quas eundo transiueram, 31. 21.
      This use of the gerund is met with even in the classical period. See Livy, XXI, 46. 9.

b) Gerund with ad in place of supine with an adjective.
   loca sunt grata ad uidendum Christianis, 24. 27.
      The supine in -u does not occur in the Peregrinatio.

c) Regular substantive uses of the gerund.
   fuit denuo uoluntas accedendi, 15. 28.
   sicut habent consuetudinem dandi, 17. 12.
   ut pars maxima sedendo in asellis possit subiri, 17. 26.
   uoluntatem eundi sed et facultatem perambulandi et reuertendi, 31. 27.
   iam propositi erat . . . . ad Asiam accedendi, 31. 35.

PASSIVE PERIPHRASTIC.

The passive periphrastic is of rare occurrence, being almost entirely supplanted by the frequently recurring "necesse est." These two instances are found:
   uigiliae agende erant, 14. 31.
   aguntur quae agenda sunt, 43. 25.

PERIPHRASTIC FORMS.

I. Periphrasis with a participle for the finite verb.
   castra ibi fixa habuissent, 19. 7.
   quam sequentes fuerunt (= secuti), 22. 23.
   ubi ipsi castra posita habebant, 25. 30.
   interpositae orationes fiunt (= interponuntur), 44. 5.
      The analytic method of forming the perfect, so characteristic of the Romance languages, is especially frequent in Gregory.

II. Periphrasis with coepi (cepi) and the infinitive.
    cepimus ascendere = ascendimus, 6. 33.
    tunc cepi eos rogare = rogaui, 7. 36.
        So also in 8. 18; 9. 5; 10. 5; 16. 32; 18. 6; 21. 2. 4; 22. 3, 13; 32. 18; 34. 17; 35. 7; 40. 20. 23; 41. 34; 42. 3. 27; 44. 13; 46. 31; 48. 33 (twenty-two instances in all).
        In 34. 17 the active of coepi is used with a passive infinitive, quod cum ceperit legi.
        This periphrasis is employed with considerable freedom by Petronius. See Lexicon Petronianum Segebade et Lommatzch, *sub voce* coepi.

III. Periphrasis with incipio and the infinitive.
    incipitur denuo totum iam iuxta mare ambulari, 11. 36.
        See also 32. 18; 33. 18; 36. 1; 39. 9; 44. 33; 45. 3; 55. 6.

IV. A verbal noun with facio for the simple verb.
    fecimus ibi mansionem = mansimus, 9. 28.
        Cf. faciens denuo mansiones aliquod, 15. 25.
    facientes aquam = aquantes, 11. 33.
    facit commemorationem singulorum = singula commemorat, 33. 6.

V. Se facere equivalent to fieri or esse.
    facit se hora quinta, 38. 5.
    cum ceperit se hora septima facere, 40. 23.
        Cf. cum ceperit esse hora undecima, 42. 3. 27.
        So also 11. 34; 40. 8. 32; 49. 33.

VI. Iter facere = ire.
    Et sic fecerunt ipsum iter, 13. 7. See also 15. 7. 13. 23. 35; 22. 6. 13; 23. 1; 24. 5; 30. 16; 31. 20.
        Iter is modified by an adjective in 12. 22.
    iter heremi arenosum ualde feceramus.

VII. Iter habere = ire.
    15. 9. 24; 19. 25; 23. 25; 30. 5.
        So in the Vulgate, Luke 15:20, and elsewhere.
        Somewhat analogous to the use of facio in the first example under IV is its use with a noun expressing duration of time: fecimus ibi biduum, 28. 4, "we rested there two days."
        So in 27. 1; 29. 19; 30. 14; 31. 14; 39. 26. 36.
        Cf. Vulgate, 2 Cor. 11:25: noctem et diem in profundo maris feci.
        Cf. also statiua triduana facere, 24. 19; 31. 17, with statiuam facere, 23. 30; 30. 32.
        See Journal of Philology, 1894, pp. 196 ff.

In this connection certain uses of habere should be noted.

I. Habet used impersonally to indicate measure of distance.
>habebat de eo loco forsitan quattuor milia, 5. 10.
>inde habebat de ciuitate forsitam mille quingentos passus, 30. 30.
>>Cf. quae (uallis) habet forsitan milia passos forsitan sedecim, 5. 13 ff.

II. Habere = habere necesse.
>ipsam uallem nos trauersare habebamus, 5. 16.
>non ipsa parte exire habebamus, 9. 7.
>perdixerit omnia quae dicere habet, 33. 11.
>>Cf. qui sanctus uir necesse habuit mouere se, 22. 19; also 44. 24; 45. 15.
>>This is, perhaps, a development due to the influence of the Greek ἔχειν. See Ph. Thielmann, Archiv., II, pp. 50-64.

III. Libenter habere.
>si libenter habes, "if you are willing," 24. 26.
>quia libenter haberetis haec cognoscere, 32. 9.

CHAPTER V.

STYLE AND DICTION.

DIMINUTIVES.

The extensive use of the diminutive in the less formal works of Roman literature and the large number of words in the Romance languages derived, not from the primitive, but from the diminutive form, naturally lead to the inference that this formation was a favorite one in the people's speech. In view of this, the number of diminutives in the Peregrinatio does not seem at all great. The following occur:

aliquantulum, 11. 34. The primitive, aliquantus, in 15. 27; 16. 1; 19. 16. 36; 23. 3; 24. 9. 15; 25. 11.
arbusculas, 7. 31. The primitive, arbor, 14. 11. 16. 17. 23.
asellis, 17. 27. Asinus is not found. The meaning of saddle in the Gallic Latin has been suggested, Archiv, VI, 568.
colliculi, 6. 18;[1] 8. 10; 13. 18; 19. 35; 20. 5. 24; collis only in 30. 30; 31. 5.
domumcellas, 45. 11. The primitive, domus, is frequent. Domuncula is found twice in the Vulgate.
loculus, 45. 24, casket or box; without diminutive force. In the Vulgate, John 13:29, it means bag.
monticulus, 19. 33; 25. 26. Mons is frequent.
pomariolum, 7. 31; pomarium, 15. 8; 21. 5. 24. 26.

GREEK WORDS AND PHRASES.

The following Greek words and phrases are both transliterated and translated into Latin:

nunc est comes, sed grandis; quod nos dicimus uicus, 13. 25. Comes stands for κώμη.
nam ipse nobis dixit nomen ipsius arboris, quemadmodum appellant eam grece, id est dendrosa lethiae, quod nos dicimus arbor ueritatis, 14. 15 ff. Dendrosa lethiae, as the words appear in the manuscript, is intended for dendros alethiae and is a transliteration of δένδρος ἀληθείας.
Quae ecclesia nunc appellatur greco sermone opumelchis, 20. 6. Opumelchis stands for ὅρος Μελχίς, and illustrates the confusion of the letter *p* with the Greek ρ.

---

[1] The absence of any real diminutive force is made apparent by the addition of the adjective permodici.

In hodie hic hortus aliter non appellatur greco sermone nisi copos tu agiu
Iohanni, id est quod uos dicitis latine hortus sancti Iohannis, 21. 10.
Copos tu agiu Iohanni represents κῆπος τοῦ ἁγίου Ἰοάννου.
Hora autem decima, quod appellant hic licinicon, nam nos dicimus lucer-
nare, 32. 32. Licinicon for λυχνικόν.
respondentes semper: "kyrie eleyson" : quod dicimus nos : "miserere,
Domine," 33. 8. Kyrie eleyson for κύριε ἐλέησον.

The author of the Peregrinatio is hardly to be held respon-
sible for the errors in transliterating the Greek; it seems much
more natural to attribute them to the ignorance of the scribe.

OTHER WORDS OF GREEK ORIGIN.

absis, ἁψίς, the choir of a church.
    retro in absida, 53. 24. See Gregory, H. F.. 6. 10, p. 255.
*antiphona, ἀντίφωνος, responses.
    21. 22; 32. 14. 17. 27; 33. 1. 4. 36; 34. 1. 25. 26; 35. 22; 37. 7; 38. 30; 39. 6;
40. 19. 30. 35; 41. 33; 42. 2. 8; 25; 44. 4. 10; 47. 11; 48. 31; 50. 22. 34; 51.
9. 13. 30. 31; 54. 25. Found in connection with either ymni or psalmi, and
always in the plural, except in 40. 30.
apostolus, ἀπόστολος, apostle.
    23. 10; 44. 3; 46. 15. 16. 23; 48. 24; 50. 5. 10. 11. 26. 30; 55. 26. Also with
the meaning of the Church of the Apostles : per singulas ecclesias uel
apostolos, 31. 30.
*aputactites, ἀποτακτῖται, those, particularly of the sect of the Manichaeans,
who abstained from meat and wine. See Code of Theodosius, XVI, title
v, l. 7.
    31. 2. 15; 39. 30. 33; 48. 10. 34: 49. 11; 51. 32. Perhaps also in 55. 7, where
the manuscript reads actito.
archidiaconus, ἀρχιδιάκονος, archdeacon.
    40. 22; 41. 20; 43. 27; 50. 12.
archiotepa, ἀρχέτυπος, with the meaning of imago.
    The proper Latin form is archetypus, as in Juvenal, 2. 7; Martial, 7. 11;
12. 69. Archiotepam occurs in 24. 30, and archiotipa in 24. 36; 26. 13.
*ascitis, ἀσκητής, ascetic.
    monachus a prima uita et ut hic dicunt ascitis, 7. 17; monachi sancti ques
hic ascites uocant, 17. 8; et illos maiores (monachos) qui in solitudine
sedebant quos ascites uocant, 27. 27. See also 29. 2. 16. Used as an
adjective, uir ascitis, 22. 18.
baptista, βαπτιστής, baptist.
    Iohannem baptistam, 21. 9; sancti Iohannis baptistae, 21. 25.
baptizare, βαπτίζειν, to baptize.
    21. 19. 20. 23. Also in form baptidiare, 47. 18; 48. 9; 52. 7. 33; 53. 34.
From the same root is derived the noun baptismus, which occurs only in
the oblique cases : ad baptismum, 52. 26. 29; baptismi, 53. 32; baptismo, 54. 6.

*Words thus marked are not cited in Harper's Latin Lexicon.

basilica, βασιλική, basilica or church.
33. 33; 34. 14; 35. 8.
canon, κανών, the canon of the Holy Scriptures.
scriptura canonis, 28. 27; Gregory, H. F., 4. 26, p. 162.
cata, κατά.
See under prepositions, Chap. IV, p. 95; frequent in the Vulgate.
cathecisis, κατήχησις, religious instruction.
inchoans a Genese per illos dies quadraginta percurret omnes scripturas, primum exponens carnaliter et sic illud soluens spiritualiter. Nec non etiam et de resurrectione similiter et de fide omnia docentur per illos dies. Hoc autem cathecisis appellatur, 53. 1 ff. Also 53. 14. 16, and in the form cathecismus, 53. 12. The accusative form is cathecisen, 53. 14.
cathecuminus, κατηχούμενος, cathecumen.
32. 22; 33. 12. 14. 15. 21; 35. 9; 36. 5; 38. 20; 42. 31; 43. 7. 18. 35; 45. 31; 47. 5; 48. 25; 49. 7.; 50. 27. 32; 51, 7. 10. 14; 52. 35; 53. 31. 32. 35; 54. 6. 8.
cathedra, καθέδρα, the bishop's throne.
45. 22 23; 46. 12; 52. 12. 13. 31; 53. 24.
christianus, χριστιανός, Christian.
23. 16; 24. 27; 28. 11.
clerici, κληρικοί, the clergy.
12. 36; 17. 20; 20. 12; 21. 21; 22. 20; 28. 10; 29. 29; 34. 11; 47. 9; 51. 34. 36; 52. 14. 30; 55. 16. Gregory, H. F., 4. 7, p. 146.
clerus, κλῆρος, the clergy.
32. 19; 37. 3; 48. 9. Gregory, Mart., 3. 50, p. 644.
diaconissa, διακόνισσα, deaconess.
sancta diaconissa, 30. 36.
diaconus, διάκονος, deacon.
15. 36; 32. 16; 33. 6. 7. 10. 16; 34. 1. 10. 27; 35. 12; 42. 1; 45. 24. 28. 33; 46. 3.
ebdomadae, ἑβδομάδες, a week.
singuli dies singularum ebdomadarum aguntur sic, 37. 31; also 39. 12; 52. 12. Hebdomada is the form of the Vulgate.
*ebdomadarius, a derivative for the above.
hi quos appellant ebdomadarios id est qui faciunt septimanas, 39. 13 ff. There is also a corrupt form, domadarius: quos dicunt hic domadarios, 39. 12.
ecclesia, ἐκκλησία, church.
Naturally of frequent occurrence, one hundred and sixteen times in all. In one passage it seems to have its earlier meaning of assembly, 16. 18: locutus est Moyses in aures totius ecclesiae Israhel.
ecclesiasticus, ἐκκλησιαστικός, belonging to the church.
candelae ecclesiasticae, 44. 26; 50. 36.
encenia, ἐγκαίνια, feast of consecration.
This feast was celebrated yearly at the church of Jerusalem on the thirteenth of September (see Gamurrini, p. 76, note). 54. 28. 32; 55. 2. 5; 19.
*eorte, ἑορτή χρόνος ἱερὸς κατὰ νόμους, Zonaras' Lexicon.
quod hic appellant eortae id est quadragesimas, 37. 30.

epiphania, ἐπιφάνεια, the Epiphany.
14. 30; 37. 11; 47. 35 ; 55. 21. 22.
episcopus, ἐπίσκοπος, bishop.
Of frequent occurrence, one hundred and thirty-six times in all.
*eulogia, εὐλογία; original meaning, fine language; in the New Testament, alms; in the Peregrinatio it has the general sense of gift.
dederunt nobis presbyteri eulogias id est de pomis, 7. 26; also in 7. 35; 17. 12; 21. 24; 29. 36. In Gregory, eulogia is used of the bread and wine of the sacrament; see Bonnet, p. 223.
euangelium, εὐαγγέλιον, the gospels.
34. 15. 20; 37. 15. 33; 40. 31; 41. 3. 6; 42. 4; 43. 2. 4. 14; 44. 5. 15. 19. 29; 45. 4; 46. 17. 19. 23. 32; 47. 3. 26; 48. 20; 49. 4. 30; 50. 25; 51. 27; 52. 1.
exorcizare, ἐξορκίζειν, to exorcise.
primum a clericis exorcizentur, 52. 30.
Heremus, ἐρῆμος, desert.
12. 4. 5. 22. 33; 17. 18; 22. 19; 28. 8. It is a feminine noun : heremi sunt arenosae, 12. 5. Solitudo is a synonym, 27. 27. The correct form, without the aspirate, is used in the Vulgate.
idolum, εἴδωλον, idol.
furata est Rachel idola patris sui, 30. 9. See Gregory, H. F., 1. 16, p. 42.
laici, λαικοί, the laity.
32. 12; 34. 28; 37. 10. See Gregory, H. F., 5. 48, p. 239. Populus and plebs are synonyms; Wölfflen, Archiv, VI, 355.
manna, μάννα (from the Hebrew), manna.
ubi eis pluit manna, 10. 28.
martyr, μάρτυρ, martyr.
sancti martyris, 27. 30; dies martyrum, 28. 7 = dies martyrii, 28. 2; also martyrorum dies, 38. 22.
martyrium, μαρτύριον, shrine of a martyr.
In this sense it is used fifty-one times. Dies martiriorum equivalent to natalis alicuius martyris, 38. 19. Martyrium is apparently a genitive plural in 27. 23, ut pridie martyrium die ibi ueniremus.
metropolis, μητρόπολις, metropolis of a province.
ciuitas Tathnis quae fuit quondam metropolis Pharaonis, 15. 15; ad prouinciam quae Cilicia appellatur quae habet ciuitatem metropolim Tharso, 30. 17. Cf. also 23. 28. See Gregory, H. F., 8. 2, p. 327.
monachus, μοναχός, monk.
Occurs forty-three times. Also ex-monacho, twice as a nominative, 14. 34; 20. 18; once as an accusative, 30. 28.
monasterium, μοναστήριον, monastery.
Occurs twenty four times.
monazontes, μονάζοντες, monks.
32. 11. 16; 34. 25; 35. 6. 32; 36. 7; 37. 3. 10; 55. 9.
mysterium, μυστήριον, the supernatural element in religion.
uerbum quae sunt misterii altioris id est baptismi, 53. 31; also 53. 35; 54. 7. 11. Always written misterium.

neofitus for neophytus, νεόφυτος, recently baptized Christian.
: tantum neofiti et fideles, 51. 7.
paralipomena, τὰ παραλειπόμενα (βιβλία), Book of Chronicles.
sicut scriptum est in libris paralipomenon, 55. 4.
*parthenae, παρθένοι, virgins.
parthene ut hic dicunt, 32. 11.
pascha, πάσχα (from the Hebrew), the Passover, then Easter.
It is of the first declension, as also in Gregory. The genitive, paschae, 13. 19; 41. 6; 47. 31; 48. 28; 49. 4. 9; 54. 1. The word occurs twenty-five times in all.
paschalis, the adjective derived from pascha.
in septimana paschale, 41. 12; see also 37. 21. 25; 47. 16. 17..31. 33; 48. 1. 8; 53. 23. 34.
patriarchi, πατριάρχαι, the patriarchs.
quae dicitur a patriarchis posita esse, 14. 11.
pentecoste, ἡ πεντηκοστή, the fiftieth day after Easter.
Only in the accusative case : per pentecosten, 35. 28 ; ad quinquagesima, id est pentecosten, 49. 10.
presbyter, πρεσβύτερος, presbyter or priest.
Occurs thirty-eight times.
propheta, προφήτης, prophet.
sanctus Helias propheta, 8. 21; 21. 30. Also of the books of the prophets in the Old Testament: legitur de prophetis, 46. 18; quicquid dixerunt prophetae, 46. 22.
prophetissa, προφῆτις, prophetess.
Anna prophetissa, 37. 17. Formed after the analogy of διακονίσσα; so in the Vulgate, Isa. 8 ; 3 ; Tertulian, praescript, 51.
psalmus, ψαλμός, psalm.
9. 3; 16. 29; 17. 20; 20. 15; 21. 15. 22; 27. 14; 29. 25; 32. 14. 26; 33. 1; 34. 8. 10. 11. 12. 21. 25; 35. 21; 36. 4; 39. 6; 40. 10. 19; 46. 14; 48. 15; 51. 13.
sabbatum, σάββατον (Hebrew), Sabbath.
Used in both singular and plural: 6. 28; 37. 24. 25. 27. 28. 29; 39. 4. 8. 16. 18. 25. 29; 40. 10. 20. 21 ; 41. 7 ; 47. 14. 15; 48. 6; 51. 24.
thiamataria, for thymiaterium, θυμιατήριον, censer.
ecce etiam thiamataria inferuntur, 34. 13. Thymiamaterium occurs in the Vulgate; thymiaterium, Ambrose, Ep. 5.
typus, τύπος, manner.
in eo typo quo tunc Dominus deductus est, 42. 13.
ymnus, ὕμνος, hymn.
Always written without the aspirate; seventy instances of its occurrence.

With the exception of the preposition cata, and the nouns metropolis and typus, all the words in this list are peculiar to the ecclesiastical Latin and Greek.

SANCTAE SILVIAE PEREGRINATIO 133

ADDITIONAL WORDS PECULIAR TO ECCLESIASTICAL LATIN.

actio, Acts of the Apostles.
    legitur siue de epistulis apostolorum uel de actionibus, 46. 16.
actus, Acts of the Apostles, or of a saint.
    lecta omnia actus sanctae Teclae, 31. 12; de actus apostolorum, 50. 5. 25; de actibus apostolorum, 50. 11.
altarium, altar.
    The use of the singular is post-classical. 8. 25; 9. 1; 22. 29; 53. 24; 55. 3.
annuntiare; frequent in ecclesiastical Latin of the announcement of a holy day.
    annuntiata pascha, 41. 4; cf. denuntiatur pascha, 41. 1.
cancellus, the railing around the altar of a church.
    The singular is used in 33. 5; 43. 13; 54. 4; the plural in 32. 20. 23. 28. 30; 33. 1; 34. 15; 35. 11. 14; 43. 13; 47. 20. Both the singular and the plural are used in the same sentence without any difference in meaning. statim intrat episcopus et stat intra cancellos: presbyter autem ante cancellum stat, 43. 12 ff.
canticus, the song of Moses from Deuteronomy, chap. 32.
    ubi locutus est Moyses uerba cantici, 16. 18; nec non et canticus ipsius, 16. 24.
carnaliter, according to the letter.
    53. 2. 8; see spiritualiter.
communicare, to receive the sacrament of the Lord's Supper.
    7. 24. 34; 22. 33; 39. 17. 19. 20; 43. 32.
communio, the sacrament of the Lord's Supper.
    communione facta, 31. 16.
conpetens, one who requests baptism.
    adducuntur unus et unus conpetens, 52. 14. See Augustine, De Cura pro mortuis, c. 12.
confessor, a martyr.
    cum episcopo uere sancto et monacho et confessore, 24. 8; also 24. 23; 27. 8.
dies dominica, Lord's day, Sunday.
    septima die id est domenica die, 33. 31. Occurs thirty-six times.
dilectio, love of the Lord.
    in Dei dilectione, 35. 2.
domina, a term of respect employed in addressing sisters in a religious order.
    domine uenerabiles, 18. 27; dominae animae meae, 26. 35; dominae sorores, 53. 12; dominae sorores uenerabiles, 27. 20; dominae lumen meum, 31. 33; 32. 4.
feria (always in the singular), week day contrasted with Lord's day.
    secunda feria, 38. 7. 14. 34; 42. 20. 32; 43. 10; 48. 3; tertia feria, 38. 14. 34; 42. 32. 33; 43. 10; 48. 3; quarta feria, 38. 15. 18. 20. 22. 24. 35; 43. 9; 48. 4; 49. 16. 20; 52. 4; quinta feria, 38. 33; 39. 35; 41. 7; 43. 20; 46. 7; 48. 5; 49. 19. 23; sexta feria, 38. 18. 20. 22 34; 39. 1; 40. 9. 17; 48. 5; 49. 16; 52. 5.
fideles, the faithful, opposed to catechuminus, and applied to communicants.
    et sic orant omnes tam fideles quam et catechumini simul, 33. 12; 32. 23. 30; 33. 12. 17. 22; 34. 22; 35. 9; 36. 5; 42. 31; 43. 7. 19. 35; 45. 30; 48. 26;

49. 7; 50. 28. 32; 51. 7. 10. 14; 52. 35; 53. 9. 13; 54. 4. 7. Very frequent in this meaning in the Vulgate.

fons, baptismal font.
    47. 19.

fratres, brethren.
    cum fratribus id est monachis, 15. 36; multi fratres sancti monachi, 21. 12; fratres nunc id est monachi, 22. 2; fratres et sorores, 54. 22.

gentes, heathen.
    nullum christianum inueni sed totum gentes sunt, 28. 11, also 28. 14; regressus est sanctus Abraam de cede quod Ollagomor regis gentium, 20. 30.

hostia, sacrifice.
    optulit hostias Deo puras, 20. 8. 22.

ieiunare, to fast.
    (a) as an active verb: nemo ieiunat, 49. 11. 17; omnes ieiunant, 51. 22; (b) as a deponent: sabbato non ieiunantur, 37. 24; (c) used impersonally: necesse est ieiunari, 37. 26; nunquam hic sabbato ieiunatur, 37. 27; also 37. 29; 38. 20; 51. 24; 52. 29; (d) with dies as a subject: dies qui ieiunantur, 37. 30, "days which are observed by fasting." This verb occurs frequently in the Vulgate.

ieiunium, fasting.
    ieiuniis lassi, 44. 24; facere integras septimanas ieiuniorum, 39. 33; talis consuetudo est ieiuniorum in quadragesimis, 39. 13. 23.

lauacrum, baptismal font — a translation of $βαπτισμός$.
    tunc accedet ad lauacrum, 52. 23.

lectio, a reading of a passage from the Scriptures.
    16. 25. 29; 17. 19; 21. 15; 36. 23; 39. 6; 40. 36; 41. 33; 42. 2. 25; 44. 4. 10; 45. 16; 46. 14. 20. 27; 49. 6; 50. 21; 51. 13; 54. 18. 25.

*lucernare, candle-light.
    hora decima quod appellant hic licinicon, nam nos dicimus lucernare, 32. 32 ff.; also 35. 24; 36. 27; 38. 5. 12; 41. 9; 42. 19; 49. 14; 50. 31; 52. 3. Lucernarium is a synonym, 40. 9; 48. 17. 36; also hora lucernae, 48. 16. Lucernaris, the adjective, is also found: psalmi lucernares, 33. 1; missa lucernaris, 38. 31. 32; see also 35. 17; 39. 3.

memoria, equivalent to memoriale.
    memoriae concupiscentiae, 5. 6; 11. 7; memoria illius non ostenditur, 18. 1; memoria sancti Gethe, 21. 33; memoriam Aggari, 26. 25; memoriam sancti Abrahae, 27. 28; 28. 14. 15. 29; 30. 7. Memoriale occurs only in 18. 23. Memoria is frequent in the Vulgate in the sense of altar.

ministerium, treasure or furniture of a church.
    ministerium omne genus aureum gemmatum profertur, 36. 14. 16. Cf. Gregory, Conf., 22, p. 761, and elsewhere.

missa, dismissal from the church.
    episcopus eos uno et uno benedicet exiens ac sic fit missa, 32. 25. Of frequent occurrence, sixty-eight times in all. Just before the dismissal of the people, mass was celebrated, and thus by association the word *missa* was used of the celebration. It is in this sense that Gregory

always employs it. Bonnet, p. 239. A slightly different account of the origin of the word "mass" is given in Fisher's Church History, p. 66.

oblatio, the celebration of mass.

missa autem ante solem fit, hoc est oblatio, ut ea hora qua incipit sol procedere ad missam in anastase facta sit, 39. 7. Gamurrini (p. 56, note) thus distinguishes oblatio and missa: "oblatio est ritus offerendi: missa dismissio populi sacris peractis." Other instances are 7. 24; 8. 28. 31; 9. 24. 29; 11. 13; 22. 32; 37. 18; 38. 26; 39. 4. 8; 40. 10. 21; 43. 26. 31; 46. 8; 47. 24. Compare the use of offerre: offeret episcopus, 40. 21; 47. 27; offertur, 49. 36; 50. 11; nunquam offeritur, 43. 33. In Gregory, oblatio is used of the wine of the sacrament. Bonnet, p. 239.

operatio, ritual.

quae operatio singulis diebus cotidie in locis sanctis habeatur, 32. 7. See also 33. 29. Compare Lactantius, Institutes, 6. 12. 24.

orare, to pray.

44. 15. 16; 45. 20; 55. 3. Very common in the Vulgate.

oratio, prayer.

Of frequent occurrence, sixty-eight times in all. Also with meaning of place of prayer: monachi pomariola instituunt uel orationes, 7. 31.

passio, the sufferings of Christ.

46. 15. 16. 19. 22; 50. 9; 54. 31; 55. 25.

plebs, laymen as opposed to clerici, the clergy.

de plebe quanti uolunt, 48. 11; also 51. 33; 52. 34. Compare the use of popularis in Sulp. Sev., Dial., 1. 26. 3.

praedicare, to preach.

34. 35. 36; 36. 23; 37. 14; 38. 27; 49. 25. 35.

praedicatio, a sermon.

34. 36; 35. 2.

processio, a religious procession.

processio est in a[na]stase et omnes procedunt, 37. 12.

*pulpitus, pulpit.

intra quam ecclesiam in eo loco ubi pulpitus est, 17. 31.

quadragesimae, Lent. See Gamurrini, p. 63, note.

37. 11. 31; 38. 11. 21. 32; 39. 10. 13. 22. 31. 34. 36; 40. 4; 42. 22; 49. 19. 23; 52. 8. 9. 11; 53. 19.

quinquagesima, Pentecost.

ad quinquagesima id est pentecosten, 49. 10; also 49. 27; 51. 22.

quintana pars, one of the entrances of a church.

apertis baluis maioribus quae sunt de quintana parte, 51. 5. See Isodorus, Orig., XV, c. 2.

religiosus, of the clergy.

uir religiosus ex monacho, 14. 19; uir religiosus et monachus, 24. 23. Cf. Gregory, H. F., 2. 16, p. 82.

*responsorius, responsive.

psalmi responsorii, 39. 6.

resurrectio, the resurrection of Christ,

34. 16; 37. 33; 47. 26; 49. 31; 50. 26; 51. 28; 53. 3. 29. So the verb, ubi Dominus resurrexit, 54. 31.

sacramentum, sacrament.
> aguntur sacramenta, 37. 20. Very frequent in patristic Latin. The transition from the literal meaning of the word is well illustrated by the figurative expression from Arnobius, Adversus Nationes, II, 5: salutaris militiae sacramenta deponere.

sanctus, saint.
> Employed with very great frequency. Every character of the Old Testament mentioned is thus canonized, e. g., sanctus Moyses, sanctus Aaron, sanctus Iacob, sanctus Abraam, sanctus Melchisedech, sancta Rebecca. Illi sancti is almost a synonym for monachi. We find also sancti monachi, sanctus propheta, sancti clerici, sanctus presbyter, and even sancto Syna, 10. 31. Sancta loca refers to places mentioned in the Scriptures and may be compared to the English "Holy Land."

scripturae, Holy Scriptures.
> 5. 1; 11. 25; 13. 1; 14. 20. 36; 18. 26; 20. 17; 24. 6; 27. 3; 28. 17. 21; 29. 13. 18; 35. 2; 53. 1. 7. 9. 28; 55. 1. The singular occurs in 28. 27, scriptura canonis, and 28. 30, scriptura testatur. Scripturae is also used of portions of the Bible: per apostolorum scripturas, 46. 23.

seculares = saeculares, laymen.
> seculares autem tam uiri quam feminae, 55. 12.

septimana, translation of hebdomas, a week.
> 30. 15; 37. 23. 24. 27; 39. 10. 14. 25. 34; 40. 8. 11. 12. 14. 16. 18; 41. 11. 12. 20; 46. 36; 47. 1; 52. 9; 53. 5. 18. 19. 20. 22. 23. 28. See Vulgate, 2 Macc. 12:31.

simbolum, a symbol received by the catechumen before baptism.
> See Gamurrini, p. 74, note. 53. 6. 8. 26. 27.

sollennitas = solemnitas, a solemn festival (post-classical).
> qui tante sollennitati inter non fuerit, 55. 17.

sorores, sisters (brethren and sisters).
> fratres et sorores, 54. 23.

spiritualiter, according to the spirit; the opposite of carnaliter.
> primum exponens carnaliter et sic illud soluens spiritualiter, 53. 2. 8. See Paucker, De Latinitate Hieronymi, p. 50; Vulgate, Apoc. 11 :8; 1 Cor. 2 :14.

uigilare, to keep a vigil.
> 9. 28; 32. 13; 34. 27; 47. 6. 7. 8. 9. 12. 23; 49. 29; 51. 17. 26.

uigiliae, vigils.
> parati ad uigilias, 34. 2; uigiliae paschales. 37. 25; 39. 1; 40. 8. 15. 17; 44. 23. 36; 47. 16. 17. 25. 29; 49. 21.

uirgines, virgins.
> monasteria aputactitum seu uirginum regebat, 31. 2.

uirtutes, miracles.
> tales sunt ut et uirtutes faciant multas, 28. 1. Cf. quae mirabilia fecerint, 29. 14. See Gregory, H. F., 5. 6, p. 198.

ADDITIONAL DEPARTURES FROM CLASSICAL USAGE.

acer = difficilis.
> modice erat acrius quod pedibus necesse erat subiri cum labore, 17. 27. Cf. Terence, Phormio, 346, prima coitiost acerruma.

aestimare = putare.
  nam nolo estimet affectio uestra, 29. 16; non aestimabam me posse uidere, 27. 33. Aestimare is used in sense of estimate in 5. 13: quantum potuimus uidentes estimare.
albescente, at dawn, luce being understood.
  episcopus albescente uadet, 51. 35. Cf. Vergil, Aen., 4. 586, lux albescit.
allocutio, passage from the Bible.
  omnem ipsam allocutionem perleget episcopus, 43. 5. In the Vulgate it is a translation of παραίνεσις and παραμυθία. Cf. Seneca, Cons. ad Helv., 1. 3.
ambulare = ire.
  5. 1; 9. 9; 11. 21; 12. 1. 4. 6. 7. 9. 10. 18; 13. 5; 15. 3. 18. 22; 42. 10. Frequent in Gregory.
animal, beast of burden.
  ut fluctus animalibus pedes cedat, 12. 1; descendimus de animalibus, 20. 10.
antecessus as an adverb.
  antecessus ueniunt, 33. 35.
appellare = dicere.
  in lato autem quattuor milia esse appellabant, 5. 15. With the meaning of call it is frequent; e. g., hoc autem cathecisis appellatur, 53. 4; qui locus appellatur Clesma, 12. 27.
*auroclauus, with a stripe of gold.
  si uela uides, auroclaua oleserica sunt, 36. 13; si cortinas uides, similiter auroclaue sunt, 36. 13.
benedicere, to bless. Always written as one word.
  With a direct object : 16. 20; 22. 32; 26. 19; 27. 15; 29. 25; 32. 22. 23. 24. 30; 33. 17. 21. 22; 34. 22; 35. 13. This is the regular construction in the Vulgate. In the passive: 40. 32; 42. 30; 43. 6. 18. 34; 47. 5; 48. 25; 49. 7; 50. 27. 32; 51. 7. 9. 13; 54. 3. Benedictus, the passive participle, 35. 31; 42. 5. 9 (all three instances in a quotation from the Bible).
benedictio, benediction.
  16. 24; 33. 15.
*biduauum = biduum.
  See Chap. II, p. 83.
campus (an adjective), level.
  nunc campus est ita ut nec unam habitationem habeat, 14. 3. As a noun: 16. 8. 10. 22; 26. 7; 30. 3; 40. 34.
*camsare, to turn.
  ut de uia camsemus, 17. 3; camsat = flectit, Gloss. Isodorus.
candelae, candles.
  candelae uitreae, 33 26; candelae ecclesiasticae, 44. 25; 50. 36; also in 32. 34; ad candelas redire, to return at candle-light, 21. 21.
*cereofala = candelabra. See Ducange, Gloss.
  et cereofala plurima sunt, 33. 27; also 36. 16.
cicindela, a kind of lamp. See Zacarias, Onamasticon Rit.
  numerus autem uel ponderatio de ceriofalis uel cicindelis aut lucernis, 36. 16. Pliny, N. H., 18. 26. 66, uses cicindela of the glow-worm.

ciuitas, city.
>Of frequent occurrence, seventy-three times in all. The first appearance of this meaning in prose is in Cicero, Ad Fam., 9. 9. 3. See note in Professor Abbott's edition of Cicero's Letters. Ciuitas has supplanted both urbs and oppidum in the Romance languages.

coclea.
>lente et lente per girum, ut dicimus in cocleas, 6. 36. In the Vulgate, 3 Kings 6 : 8 per cocleam is used in the same way.

codex, a volume of the Scriptures.
>lectio de codice, 16. 29 ; accipit codicem euangelii, 43. 2.

confortare, to comfort, to strengthen. Cf. fortis, strong.
>episcopus confortans eos, 45. 7. 10. Very frequent in this meaning in the Vulgate.

consuetudinarius, customary.
>consuetudinaria aguntur, 49. 13 ; quae consuetudinaria sunt, 49. 32. 34 ; 52. 2. The French coutumiér. According to Geyer, Archiv, IV, p. 612, this adjective occurs only in the Gallic Latin.

coperculum = cooperculum, covering.
>sculptum in coperculo ipsius. 22. 26. Cf. cooperculum, Apuleius, Met. 6. 21 ; Gregory, Confess., 17, p. 757.

deaurare = inaurare, to gild.
>loculus argenteus deauratus. 45. 25. Aureum deauratum, Gregory, H. F., 2. 42. p. 105. Cf. deaurare, Vulgate, Exod. 25 : 11 and elsewhere.

deductor, guide.
>See Chap. II, p. 82.

deferre, to obey.
>si parentibus deferet, 52. 18.

deputare, to station.
>presbyter qui ipsi ecclesie deputabatur, 7. 16 = praeficere with dative ; monazontes qui in ipso loco deputatati sunt, 37. 3 ; monasterium quod est ibi deputatum, 31. 10. Cf. positum est.

desertum = heremus.
>in desertum Faran, 11. 32. Cf. deserta loca, 13. 16.

desiderare, to wish for.
>omnia quae desiderabamus, 6. 2 ; also 8. 4. 29 ; 11. 15 ; 19. 14 ; 24. 18 ; 27. 10 ; 28. 13 ; 31. 28 ; loca desiderata, 16. 27. 31. Cupio does not occur ; opto but once, optati sumus, 17. 4.

dignare, to condescend.
>nos dignati sunt suscipere, 11. 14 ; 17. 9 ; also 11. 20. 23. 27 ; 14. 18. 21 ; 15. 35 ; 17. 9. 12. 23 ; 22. 12. 32 ; 24. 29 ; 27. 9. 16. 19, 35 ; 28. 5 ; 29. 13. 33. 36 ; 30. 11 ; 31. 13. 26. 28. 33 ; 32. 2. 5.

dispositio, style of building.
>Ecclesia autem, ibi que est, ingens et ualde pulchra et noua dispositione, ut uere digna est esse domus Dei. 24. 16. In classical Latin the word is used only of rhetorical arrangement (as in Cicero) or of military order.

diuinus, seer, prophet.
>Balaam diuinum, 19. 12.

ebriacus = ebriosus.
    See Chap. II, p. 83.
esca = cibus, used both in singular and plural.
    concupiscentiam escarum habuerunt, 10. 25; escam portabat, 22. 8; esca haec est, 40. 4.
exemplaria, copies.
    et licet exemplaria ipsarum haberem, 26. 31.
extimare = existimare, in sense of putare.
    ne extimetis aliquid sine ratione fieri, 53. 33.
fabrica = aedificium.
    fabricam quam uides ecclesia est, 20. 6; de ornatu fabricae ipsius, 36. 17.
fabulae, conversation (fari, to speak).
    monachorum fabulas, 29. 17.
figere = ponere.
    castra fixerunt, 13. 18; 16. 8; castra fixa habuissent, 19. 7; lapis fixus stat, 5. 21. In 11. 5 configere; confixus mos esset tabernaculum (text corrupt).
fortis, strong.
    fortiori corpore, 11. 28; qui fortiores sunt, 47. 10. Cf. Plautus, Miles Glor., 1106; Pliny, Ep. 1. 12. 12, and elsewhere. In the same meaning it is found in Gregory and in the Vulgate.
fumigare, to smoke.
    mons fumigabat, 7. 10. Cf. Aulus Gellius, 19. 1. 3.
girare = gyrare, to surround.
    et girant ciuitatem istam, 25. 11; also pergirare, 25. 20.
graece, in Greek.
    greci (= grece) et siriste nouit, 54. 13; graece (grece), 54. 14. 15. 17. 19. 21. So the adjective Graecus, speaking Greek: fratres graeci latini qui latine exponunt, 54. 23.
grandis = magnus.
    5. 21; 7. 4. 11. 12. 13; 10. 8; 13. 25; 17. 30; 19. 31. 33. 34. 35; 20. 20; 21. 1; 23. 14; 28. 12. 15; 29. 22; 30. 3; 35. 3; 46. 10. It is modified by ualde in 46. 10: atrium ualde grandem. The adverb granditer (grandiiter) occurs once: qui satis grandiiter attenditur, 27. 28. Cf. Vulgate, 1 Esdr. 9:7; also Ovid, Heroides, 15. 30.
hospitium (ospitium) = domus.
    et uadent se unusquisque ad ospitium suum, 36. 6. Gregory, Mart., 47, p. 520, ad hospitium cuiusdam pauperis. See Bonnet, p. 290, and Archiv, VIII, p. 194.
infantes, children.
    ubi infantes cum ramis uel palmis occurrerunt Domino, 42. 4; also 42. 10. Cf. Juvenal, 14. 168.
infinitus = magnus.
    5. 3; 6. 34; 8. 11. 14; 14. 6. 27; 16. 11; 22. 1. 16; 29. 27; 31. 12; 32. 35; 33. 10; 34. 7; 37. 9. Modified by ualde: uallis infinita erat ualde, 14. 27; by nimis: lapidem infinitum nimis, 29. 27; and by ita: cum tamen ita infiniti essent ut, 8. 11.

ingens = magnus.

    5. 3. 11. 12. 17; 8. 36; 10. 12; 14. 5. 7. 8; 17. 14; 22. 1. 15; 23. 34; 24. 16. 31; 25. 7; 29. 22; 30. 4; 33. 26. It is modified by ualde: ecclesia ingens ualde, 29. 22.

    In consequence of the weakening of grandis, infinitus, and ingens, magnus is almost entirely driven out. In the only instance of the use of the positive, ingens is added: flumen magnum et ingens, 23. 34. The superlative is used as an intensive form of the positive, 43. 29; 47. 11; 49. 28. Tam magnus is used for tantus; tam magnum laborem, 24. 25; tam magna turba, 44. 23; tam magnum montem, 44. 24.

ingredi = ascendere.

    Used transitively three times: montem ingredi, 5. 16; ingressi sumus montem, 6. 28; quos ingressi fueramus, 9. 6. Also intransitively in sense of enter: 6. 10 and 36. 3.

latinus, one who speaks Latin.

    quicumque hic latini sunt, 54. 21; fratres et sorores latini, 54. 23. Latine, the adverb, 54. 23: qui latine exponunt.

legitimus = consuetudinarius.

    aguntur omnia legitima, id est offertur iuxta consuetudinem, 49. 36.

leuius = lentius.

    necesse est leuius iri, 35. 33.

luce = prima luce.

    et sic fit missa iam luce, 32. 25.

luminaria, lamps.

    luminaria pro hoc pendent, 33. 33; see also 34. 7; 36. 3.

maledicere, to curse.

    Used transitively: ad maledicendos filios Israhel, 10. 19.

manducare, to eat.

    39. 15. 16. 23. 24. 26. 27. 29. 32; 40. 1; 41. 27; 44. 1. Always in the active. See Petronius, 56; Varro, R. R., 3. 7. 9. Very frequent in the Vulgate.

mansio, station or resting-place.

    ac sic ergo fecimus ibi mansionem, 9. 28; inde maturantes uenimus denuo ad mansionem, 11. 32. 34. Associated with this use of the noun is that of the verbs manere and commanere, in the sense of dwell: illos sanctos monachos qui ibi manebant, 17. 16; see also 18. 2; in ipsa summitate montis mediani nullus commanet, 7. 21; monachi plurimi commanent ibi, 17. 8; also 17. 22; 19. 36; 24. 20; 29. 28. In the Vulgate, mansio is a translation of μονή, a dwelling.

matutinus, of the morning; French matin.

    matutinos ymnos dicere, 32. 18.; missa matutina, 51. 36; 52. 31. Used in the Vulgate. Cf. also Seneca, Ep. 83. 14; Apuleius, Met., 5. 17.

medianus = medius.

    See Chap. II, p. 83.

mittere, to lead in the direction of.

    quod (mare) mittit Alexandriam, 8. 14; quod (iter) mittit de Thebaida in Pelusio, 15. 5.

modicus = paruus.
  modica nerrola est, 7. 30; et arbor permodica est, 14. 12; also 20. 28; 40. 7.
  The adverbs modice and modico = paulum : sedent modice, 45. 21 ; sedete
  et modico, 45. 12. See Archiv, IX, p. 515. Frequent in the Vulgate, also
  in Petronius, and Apuleius.
morari, to dwell.
  ubi moratus est sanctus Abraam, 27. 3. So also commorari: monachi
  qui ibi commorabantur, 6. 30; also in 6. 33; 7. 19; 11. 18. 26; 16. 10;
  The translation of "to tarry" seems more appropriate in 5. 17 and 11. 1.
  28. 11.
musiuum, mosaic.
  honorauit auro, musiuo et marmore pretioso, 36. 19. Museum (Gk.
  μουσεῖον) is used by Gregory, H. F., 1. 32, p. 50.
*nerrola = riuulus.
  modica nerrola est, 7. 30. Gamurrini connects the word with the Arabian
  nahr or the Greek νάω, and refers to the Gloss. Dugangii for nero =
  rivulus.
notor, guide.
  See Chap. II, p. 82.
nullus = nemo.
  nullus commanet, 7. 21; also 17. 35 ; 23. 16; 43. 17; 44. 36; 46. 29; 54. 11 ;
  55. 10. Nemo is found four times : 40. 1; 46. 2; 49. 11. 17.
ostium (hostium), door.
  7. 14. 35; 8. 24; 18. 9. 13. 18; 32. 10; 34. 6. 16; 35. 8; 46. 6; 48. 22; 54. 8.
  Ianua does not occur; baluis (ualuis) is found in 51. 4.
parere = apparere.
  5. 25; 14. 4. 6; 18. 11. 12. 15; 19. 35; 21. 8; 24. 33; 26. 9. Apparere,
  however, is found in 5. 4; 18. 24; 22. 15. 25; 25. 36; 26. 1. Cf. Verg.,
  Aen., 10. 176; Suetonius, Oct., 95; frequent in the Vulgate and the
  Digest.
pars, ex ea parte, for that reason.
  ex ea parte non sentiebatur labor quia, 7. 6.
paruitas, used concretely.
  meam paruitatem dignabatur suscipere, 11. 23, "my humble self." Cf.
  Valer. Max., praef.
parui = pauci.
  episcopi quando parui fuerint, 55. 14. Cf. extra paucos clericos, 28. 10.
  See Bonnet, p. 276.
petrinus, rocky (not classical).
  mons totus petrinus sit, 7. 27.
pisinnus, small.
  ecclesia pisinua, 17. 6; a pissino nutritus in monasterio, 14. 35 (a pis-
  sinno = "from youth up"); semper pisinni plurimi stant, 33. 8. See
  Archiv, VIII, 480, and Appendix Probi.
*plecare (plicare), to turn.
  et sic plecaremus nos ad montem, 6. 9; plicauimus nos ad mare, 12. 12;
  cum iam prope plicarent ciuitati (without the reflexive), 25. 18.

pronuntiatio.
> orationes tales pronuntiationes habent ut et diei et loco conueniunt, 50. 23.

pullus, cock, used only in phrases indicating the time of day.
> ante pullorum cantum, 32. 10; 33. 31; 34. 3; ad pullorum cantum, 33. 35; de pullo primo, 37. 32; 38. 7; 42. 21; 49. 12. 28; 51. 17. 26. 27. 31. 34; 52. 1; mox primus pullus cantauerit, 34. 5. See also 41. 13; 43. 9; 44. 13.

rationabiles, reasonable.
> semper ita apti et ita rationabiles ut ad ipsam rem pertineant quae agitur, 35. 24. In the Vulgate, rationabilis is a translation of λογικός.

recedere = mori.
> monachis siue qui iam recesserant, 29. 14. In 44. 36 used in ordinary meaning: nullus recedit a uigiliis usque in mane.

recessus = mors.
> post recessum Moysi, 16. 14. Obitus is found in 16. 21. See Archiv, VIII, p. 183.

rugitus, groaning.
> Always in the phrase, rugitus et mugitus, 34. 17; 43. 16; 44. 30.

sedere.
> (a) To be stationed: miles ibi sedet cum tribuno suo; 24. 10; cf. praesidet; cum milite qui ibi nunc praesidet, 13. 10. (b) To rest, to tarry: ubi sederant filii Israhel dum Moyses ascenderet, 9. 32; also 21. 32; 22. 7. 19; 27. 27. (c) In a figurative use: si aliud animo sederit, 32. 3. (d) In the ordinary meaning: 32. 28; 33. 3. 35; 34. 35; 41. 32. 36; 42. 1; 44. 7; 45. 11. 21. 27; 48. 30; 50. 20. 21. 30; 52. 13. 32. 35; 53. 15.

sella.
> quia prorsus nec in sella ascendi poterat, 7. 5. According to Wölfflin, Archiv, VI, p. 568, in the Gallic Latin, sella is not an equivalent of lectica, but means saddle. See also Cod. Theodos., 8. 5; 47. 1.

sera, evening.
> sabbato sera, 6. 28; pridie sera, 9. 7; quia iam sera erat, 9. 23. 26; iam nec sera manducant, 39. 27; de sera ad sera, 40. 1; also 42. 17; 47. 12; 48. 26; 49. 25; nocte sera, 42. 33; 43. 8. Sero, the adverb, 38. 32; 42. 18; 47. 1. 31. Geyer, Archiv, VIII, p. 479: Spuren gallischen Lateins bei Marcellus Empiricus, mentions this use of sera as a peculiarity of Gallic Latin.

siricum for sericum, silk.
> extra aurum et gemmas aut sirico, 36. 12. The adjective olesericus for holosericus, 36. 14.

siriste, in the Syrian language.
> grece et siriste nouit, 54. 13; also 54. 16. 17. 20. 21.

solitudo, desert.
> *sub uoce* heremus.

sorbitio, draught. Post-Augustan.
> et sorbitione modica de farina, 40. 6.

SANCTAE SILVIAE PEREGRINATIO 143

specialis = proprius. Post-Augustan.
    specialis autem ille mons, 6. 11; qui specialis Syna dicitur, 6. 20; 7. 2. So the adverb specialiter : haec pars specialiter orientalis appellatur, 29. 10. See also 44. 36.

strata, street.
    in strata occurrit, 40. 27. Cf. Herm., Past., 1. 4; Juvencus, Evang. Hist., 1. 290.

statiua-ae = mansio. The classical form is statiua-orum.
    facere statiuam, 23. 31; also 24. 19; 30. 32; 51. 17.

*subdiuanus = sanctus.
    locus subdiuanus, 46. 9; see Chap. II.

*sublinteata, with a linen cloth.
    mensa sublinteata, 45. 24; see Chap. II.

sufferre = tolerare.
    maximus labor suffertur, 51. 17.

summitas, summit. Post-classical.
    6. 11; 7. 8. 12. 14. 21; 8. 8. 18; 10. 9; 17. 29. 30 ; 18. 10; 20. 5; 45. 23.

superare = superesse.
    superabant tria milia, 9. 6; also 40. 13; 53. 22.

superfluus, superfluous. Post-Augustan.
    superfluum fuit scribi, 36. 11.

temporius = maturius.
    temporius quam ceteris diebus, 43. 23. Cf. Gregory of Tours, H. F., 5. 45, p. 238.

totus = omnis.
    toti illi montes, 6. 16; toto anno, 37 34. 35; 38. 8. 10. 17. 33; 39. 32; ad unum toti, 50. 33; see also 7. 27; 25. 20; 37. 2; 38. 13. 25. 30; 39. 5. 24. 34. 36; 40. 19; 42. 7. 22; 44. 35; 45. 21; 46. 23. See Wölfflin, Archiv, III, p. 470. Toti = omnes in Apuleius (frequently), in Pervigilium Veneris, vs. 18; also in the Vulgate; but it is rare in Gregory (see Bonnet, p. 276).

totum = omnino.
    quattuor milia totum per ualle illa, 5. 11; see also 6. 3. 11. 36; 12. 4; 15. 6. 9; 21. 4; 28. 12.

*tra(ns) uersare, to pass through.
    ipsam uallem nos trauersare habebamus, 5. 16; also 6. 8.

*triduanum = triduum.
    facto triduano, 27. 1; also statiua triduana, 24. 19; 31. 17. See Chap. II.

uadere = ire.
    14. 13; 27. 5; 33. 20. 23; 35. 32; 36. 6; 42. 36; 44. 1; 45. 19; 49. 21; 51. 33. 35; 53. 25. This colloquial form has survived in the Romance languages.

uices, "turns."
    uices habent, 32. 16.

uicibus = uicissim.
    uicibus enim quotidie presbyteri et diacones uigilant, 34. 27; also 39. 6; 51. 34.

uisio, visit.
    propter uisionem sanctorum illorum, 28. 5.

PECULIARITIES IN THE USE OF PRONOUNS.[1]

I. Ille as the definite article.

Ille is used by Gregory of Tours as the definite article almost as freely as are the forms derived from it in the modern Romance languages (see Bonnet, pp. 258 ff.). In the Peregrinatio a tendency in this direction is to be observed, although it is often difficult to determine whether the translation *the* or *that* is the more appropriate. A few examples are given:

> ubi sex tamen montes illi inter quos ibamus aperiebant, 5. 2.
> deductores sancti illi qui nobiscum erant, 5. 7.
> ille [mons] medianus tanto altior est omnibus illis, 6. 15.
> ad radicem propriam illius mediani que est specialis Syna, 7. 2.
> sancti illi, the saints, 7. 35; cf. 8. 1. 16. 26; 9. 34; 11. 22; 17. 33; 28. 5.
>
> In the following passages, ille may be rendered as the definite article: 6. 15. 17. 19; 7. 2. 9. 35; 8. 1. 2. 4. 13. 26; 9. 10. 30. 31. 34; 10. 1. 7. 21. 26. 28; 11. 5. 9. 10. 22; 16. 4; 17. 15. 20. 29. 33; 18. 22. 23. 34; 19. 7; 20. 16; 25. 33; 26. 26; 27. 16. 26; 28. 5. 13; 29. 3. 5. 27; 40. 29; 42. 4; 44. 28; 45. 4; 46. 4. 32; 47. 3. 26. 31; 48. 20; 49. 4. 30; 50. 5. 24. 29; 52. 9; 53. 1. 22; 54. 1; 55. 26.
>
> In the following, it is more clearly of demonstrative force: 5. 11. 22; 6. 11. 13. 16. 18. 19; 7. 29; 8. 6. 9; 13. 23; 19. 8. 21; 20. 2; 21. 17; 25. 27; 26. 6. 10. 20. 28; 28. 14. 16. 33; 29. 9. 20. 35; 30. 11; 34. 24; 36. 10. 15; 37. 4; 40. 15; 41. 2. 29; 42. 33. 35; 43. 14; 44. 32. 36; 46. 24. 32; 52. 6; 53. 4. 10; 54. 6.
>
> Finally, it is employed as the third personal pronoun: 6. 16. 22. 23; 8. 10; 14. 14. 25; 17. 17. 35; 18. 1; 21. 31; 22. 24; 23. 10; 28. 14. 18. 29; 29. 35; 31. 1. 3; 32. 24; 34. 21. 36; 39. 19; 40. 2. 3; 42. 11; 43. 6; 47. 4; 52. 1. 21. 36; 53. 2; 55. 16.

II. Unus as the indefinite article.

In the following passages, unus has evidently not the force of a numeral, and may best be regarded, like its descendants in the Romance languages, as the indefinite article:

> ut diceretur etiam psalmus unus pertinens ad rem, 16. 29; so in 27. 14; 29. 25; 36. 4.
> dicitur unus ymnus, 42. 30; so in 43. 31; 44. 18.

[1] For the forms hii and hisdem see Chap. III.

SANCTAE SILVIAE PEREGRINATIO   145

III. The uses of ipse.

Bonnet's remarks as to Gregory's use of this pronoun may well be applied to the Peregrinatio: "Ipse est peut-être celui de tous les pronoms dont le domaine s'est le plus élargi: il empiète souvent sur idem, sur is, hic, iste ou ille" (Bonnet, p. 301).

a) As a personal pronoun.

> aut ipsi dicebant, 5. 14; ruinae ipsius infinitae parent, 14. 6; in honore ipsorum, 14. 10. See also 14. 15. 21; 16. 9; 17. 7. 11; 20. 5. 19. 20; 24. 28. 31; 25. 30; 26. 25. 31. 32; 27. 29; 28. 29; 29. 33; 30. 35; 39. 36; 40. 13; 42. 8; 54. 22.

b) Possibly equivalent to idem.

> uallis autem ipsa ingens est, 5. 12.
> haec ergo uallis ipsa est in cuius capite ille locus est, 5. 22. See also 6. 8; 7. 27; 8. 26; 11. 11; 13. 21; 27. 30; 36. 27. 28; 37. 2. 4; 55. 20. The identity in meaning of ipse and idem in various periods is discussed by Meader, The Latin Pronouns Is, Hic, Iste, Ipse, pp. 165 ff.

c) Equivalent to hic or is.

> ipsam ergo uallem, 5. 15; totum per mediam uallem ipsam, 6. 4. 6. See also 6. 32; 7. 1. 6. 14. 26. 28; 8. 8. 18. 30; 9. 1. 2. 6. 7. 12. 18. 20. 25. 34. 35; 10. 10. 12. 15. 20. 36; 11. 7. 26; 12. 29; 13. 13. 22. 26. 29; 14. 34; 15. 32; 16. 16. 20. 23. 29. 34. 36; 17. 19. 22. 23; 18. 27. 31. 33; 19. 36; 20. 4. 11. 14. 15. 18. 24. 35; 21. 2. 8. 9. 14. 15. 19. 26. 29. 32; 22. 1. 9. 20; 23. 15. 28; 24. 15. 22; 25. 5. 7. 10. 16. 28. 29; 26. 18. 19. 20. 21. 23. 24. 29; 27. 12. 13. 27; 28. 9. 35; 29. 4. 24; 30. 2. 7; 31. 5; 35. 24; 36. 18. 24; 37. 3. 5. 9. 18. 26; 38. 13; 39. 33; 40. 30. 34. 36; 41. 33; 43. 32. 33; 44. 7. 11. 19; 45. 8; 46. 9. 36; 47. 1. 5. 29. 34; 48. 2. 7. 21; 49. 6. 12. 17; 50. 7. 22. 34; 52. 29; 54. 34; 55. 24.
>
> Locus ipse, 9. 25 and elsewhere, means "the appropriate passage;" so also lectio ipsa, 16. 29 and frequently.

d) As an intensive.

> 6. 9. 15; 7. 12. 15. 21; 13. 31; 14. 24; 16. 10; 17. 30; 18. 3. 10. 27. 28; 19. 24; 24. 9; 25. 27; 26. 12. 31; 27. 8. 12; 28. 7; 32. 2. 21; 35. 20; 43. 3; 44. 20; 46. 27; 49. 11; 50. 7. 29; 53. 32; 54. 31.

IV. Id est and hoc est.

The use of the pronouns hic and is conforms in general closely to the classical norm. A word may be added, however, as to the two explanatory phrases, id est and hoc est. The former is the favorite in the Peregrinatio and has almost entirely supplanted its rival. This is quite consistent with the history of the two formulae in the later Latin, as is shown by Meader, pp. 53 ff.

a) Id est, explanatory.

> ad illud caput uallis descenderemus, id est ubi rubus erat, 5. 26; so also 6. 20; 7. 9. 12. 26. 29; 8. 7. 33; 9. 10. 31; 10. 30. 31; 11. 1. 32. 35; 12. 15. 23. 28. 30. 32; 13. 23; 14. 16; 15. 5. 17. 36; 16. 1. 34; 17. 1; 18. 7. 17. 31; 20. 8. 17; 21. 19. 24. 30; 22. 2. 6; 23. 11. 18. 28; 24. 6; 25. 4; 26. 2. 12; 27. 6. 11. 19. 22. 24; 28. 24; 29. 14; 30. 20; 31. 22. 27; 32. 28. 36; 33. 5. 31; 35. 26. 28; 36. 1. 31; 37. 32; 38. 17. 32; 39. 2. 4. 11. 24; 40. 13. 17. 25; 41. 1. 11. 17. 20. 21. 24. 29. 32. 35; 42. 20. 23; 43. 4; 45. 16. 18; 46. 10. 14; 47. 16; 48. 2. 6. 7. 14. 18. 22. 23. 28; 49. 10. 15. 19. 20. 23. 27. 31. 33. 36; 50. 16. 18. 19. 29; 51. 2. 26; 52. 11. 12. 36; 53. 11. 19. 32; 54. 2. 21. 30; 55. 8. 24.

b) Id est, introducing a translation from the Greek.

> 21. 11; 37. 30; 39. 14.

c) Id est, introducing a restrictive clause.

> omnes monachi .... id est qui tamen aut etate aut inbecullitate non fuerunt impediti, 7. 20; so in 15. 28; 31. 35; 47. 10; 48. 9.

d) Hoc est, explanatory.

> 11. 9; 12. 36; 39. 8; 52. 9.

V. Quanti equivalent to quot.

> de omnibus presbyteris quanti uolunt, 34. 35.
> de plebe quanti uolunt, 48. 11.
>> Quot does not occur; quotquot is found once only: et quotquot sunt infantes, 42. 9.
>> Quanti is similarly used in the Vulgate, in Hieronymus, Lactantius, and Tertullian; several times also in Gregory (see Bonnet, p. 267).

VI. Quomodo as an indefinite adverb.

> et unusquisque quomodo stat, 33. 13.
> ut inclinet capita sua quomodo stant, 35. 13.
> unusquisque quomodo potest, 50. 16.
> de plebe autem qui quomodo possunt. 51. 33.

PECULIARITIES IN MEANING OF ADVERBS.

I. Aliquando = umquam.
> ut non me putarem aliquando altiores uidisse, 8. 11.
> Compare quam nunquam me puto uidisse, 6. 14.

II. Aliquandiu, for some time.
> commorati sunt aliquandiu, 11. 1; also 21. 28, 29; 48. 30.

III. Forsitan = fere.
> forsitan quattuor milia, 5. 11; forsitan is repeated in 5. 13 ff.
> quae habet forsitan, quantum potuimus uidentes estimare aut ipsi dicebant, in longo milia passos forsitan sedecim.
> Other instances: 9. 5. 15; 17. 3; 18. 33; 22. 24; 24. 2; 26. 33; 30. 31; 36. 26. 34; 40. 25. 26; 43. 26; 44. 3. 8. 31; 48. 27; 51. 3.

IV. Forte = fere.
> forte ad mille passus, 28. 14; cf. 28. 29; 30. 4: ante forte quintam, 35. 4.
> Forte in its usual meaning occurs once: ne forte conentur, 31. 9.

V. Iam = fere.
> miliario iam sexto decimo est, 13. 30; hora iam tertia, 53. 16.

VI. Inibi = ibi.
> inibi est ergo spelunca, 21. 31.

VII. Nunquid.
> Nunquid may perhaps be equivalent to nunquam in 31. 3, in which case the punctuation should be changed to give the following reading: Que me cum uidisset, quod gaudium illius uel meum esse potuerit, nunquid uel scribere possum. It is interrogative in 36. 16: nunquid uel existimari aut scribi potest?

VIII. Postmodum = postea.
> Twenty-five instances. See p. 121.

IX. Primitus = primum.
> quando de eo loco primitus uidetur mons Dei, 5. 9; also 8. 9; 11. 5; 12. 23; 26. 27.

X. Singulariter = singuli.
> singulariter interrogat episcopus uicinos, 52. 16.

XI. Tam modifying a phrase.
> cum tam in proximo esset, 30. 21.

XII. Satis and ualde are the adverbs used as intensives:

a) Satis.

>satis admirabile est, 6. 18; also 6 29; 7. 12; 12. 31; 13. 31; 14. 19. 33; 17. 4; 18. 12; 19. 29. 31. 33; 21. 6; 22. 3; 23. 21. 33; 24. 33; 26. 28; 27. 23. 28. 31; 28. 6; 30. 4. 21; 31. 6. 8; 35. 21; 36. 32; 43. 8.
>
>>It modifies even a superlative: optimae satis, 19. 31; 21. 6.
>
>Other uses of satis:
>
>Equivalent to longum, tedious: quae quidem omnia singulatim scribere satis fuit, 10. 32.
>
>Equivalent to longum: quoniam satis est usque ad ecclesia maiore, 51. 1.

b) Valde.

>5. 4. 12; 11. 12. 14; 12. 22; 14. 20. 27; 17. 9. 14. 26; 19. 10; 23. 29; 24. 16; 26. 25; 28. 16; 29. 1. 22; 30. 29; 37. 11; 46. 10; 54. 24.
>
>It modifies infinitus in 14. 27, infinita erat ualde; and a phrase in 37. 11, ualde cum summo honore.
>
>>Valde occurs eighteen times in Cicero's Letters. See Professor Abbott, Archiv, IX, p. 462. It is also the most frequent intensive in Gregory. See Bonnet, p. 308.

XIII. Ubi.

>Ubi as a relative adverb equivalent to quo occurs one hundred and twenty-two times. In 9. 21 and 22. 28 only is it correlative with ibi. Quo,[1] on the other hand, is employed but twice, 5. 6 and 22. 24. In the same way, ibi is used for eo one hundred and forty-two times, and has entirely driven out the latter.
>
>Ubi for ibi in 28. 9 is merely a mistake in writing: monasteria qui ubi habebat.

XIV. Ubique, everywhere.

>candelae ubique pendent, 33. 27; consuetudo que ubique fit, 34. 34; also 35. 5; 47. 33; 48. 1.

PECULIARITIES IN THE USE OF CONJUNCTIONS.

I. Nec non et = et.

>nec non et fines Saracenorum, 8. 14; also 18. 19. 21; 24. 20; 31. 30; 33. 36; 46. 17.
>
>>So in Arnobius, Adversus Gentes, IV, 35; V, 19; VI, 17. See Archiv, VIII, 181; X, 390.

---

[1] Geyer incorrectly says, "quo omnino deest."

SANCTAE SILVIAE PEREGRINATIO   149

II. Nec non etiam et = et.
   nec non etiam et omnes monachi, 7. 18; also 9. 25; 11. 16; 13. 17;
   16. 24; 23. 9; 24. 15; 31. 11; 33. 3; 48. 10; 53. 2; 54. 25.

III. Nec non etiam = et.
   nec non etiam in Lazariu, 47. 36; 52. 34; 53. 29.

IV. Et superfluous.   See Bonnet, p. 313.
   a) With sicut (sicuti).
      sicut et nos fecimus, 5. 10; also 6. 6; 8. 26; 9. 29; 11. 33; 17. 28;
      21. 3. 14; 22. 22. 32; 23. 22; 25. 35; 26. 9; 29. 12; 32. 31;
      33. 24; 37. 33. 36; 38. 6. 8. 14; 40. 14; 47. 33.
   b) With nam, mainly at beginning of a sentence.
      6. 31; 8. 23; 9. 1; 10. 5; 13. 8. 11. 22. 31; 14. 20. 23; 16. 4. 8;
      17. 10; 18. 22; 19. 8; 20. 28; 21. 12; 24. 7. 10. 36; 26. 3;
      28. 7; 29. 1. 36; 34. 1; 36. 12; 37. 4.
   c) Quoniam et.
      7. 11; 14. 4.
   d) Etiam et.
      7. 18; 10. 1. 25. 28; 11. 17; 12. 2. 3; 14. 23; 15. 34; 17. 15; 18. 6;
      27. 26. 32. 34; 38. 20; 40. 35; 50. 24; 53. 29.
   e) Licet et.
      8. 35.
   f) Other instances:
      7. 15; 8. 18. 27; 9. 2. 5. 22; 18. 3; 21. 13. 17. 34; 22. 24; 24. 28;
      27. 8; 28. 1. 4. 14. 29; 30. 35; 32. 1. 19; 33. 2. 10. 25; 35. 5.
      17; 37. 35; 38. 11. 30; 42. 15; 43. 34; 47. 32. 35; 50. 32; 53. 8.

V. Non solum — sed et.
   non solum Libiadam sed et Iericho, 18. 15; cf. 31. 27; 32. 12; 39.
   31; 40. 34; 55. 7.

VI. Etiam — sed et.
   dicuntur etiam psalmi sed et antiphonae, 33. 1.

VII. Tam — quam etiam — sed et.
   tam ante Anastasim quam etiam ante Crucem sed et post Crucem,
   33. 28.

VIII. Tam — quam, equivalent to et — et.
   tam uiris quam feminis, 31. 15; so also 33. 12. 23. 27; 36. 20; 40. 19;
   45. 26. 30; 46. 22; 47. 35; 48. 36; 52. 33; 55. 12.
   tam ymni quam antiphonae et lectiones, 54. 24.
      Tam and quam are found in regular correlation in 6. 14:
      tam excelsi quam nunquam me puto uidisse.

IX. Tam — tam, equivalent to et — et.
>tam qui nocte dicuntur, tam qui contra mature, tam etiam qui per diem, 35. 22 ff.
>tam in ecclesia tam etiam in Imbomon, 48. 12.

X. Tam — uel, equivalent to et — et.
>tam de Mesopotamia uel Syria uel de Egypto aut Thebaida, 55. 8.

XI. Uses of uel.
>*a*) Equivalent to et.
>>et pomariola instituunt uel orationes, 7. 31; presbyteris uel monachis, 8. 32; also in 12. 36; 15. 17; 18. 8; 19. 6; 21. 22; 22. 20; 26. 25; 27. 32; 29. 12; 30. 12; 31. 15. 30; 32. 15; 33. 4; 34. 26; 35. 22; 37. 17. 18; 39. 31; 40. 19; 42. 2. 4. 8; 50. 34; 51. 31; 52. 34; 53. 14; 55. 7. 21. 22.
>>Vel in the Church Latin is frequently used without any disjunctive force. See Rönsch, p. 345, and Bonnet, p. 315.

>*b*) Vel, equivalent to aut.
>>quaecumque desiderabamus uel quae ipsi melius nouerant, 8. 5; also 11. 17. 26; 29. 13; 31. 3; 32. 15; 36. 10. 15 ff.; 46. 16.

>*c*) Vel intensive.
>>uel maxime ea desideraueram, 8. 29; et uel tam perlustres, 25. 4.
>>uel una die quod biberent, 25. 34.

>*d*) Vel with a numeral.
>>candele uel ducente, 50. 36.

>*e*) Aut — uel, equivalent to aut — aut.
>>aut ad Crucem uel in Eleona, 47. 36. Cf. nec non etiam in Lazariu uel ubique, 48. 1.

XII. Uses of nec.
>*a*) Equivalent to non.
>>ita ut nec fruticem habeat. 7. 27; quia nec retinere poterant, 10. 33; so in 11. 22; 14. 4; 17. 7; 25. 34; 28. 3. 7; 39. 27. 35. 36; 46. 12. 30; 49. 11.

>*b*) Equivalent to ne.
>>custodiatur ne quis immundus transeat, sed nec corpus eiciatur, 26. 22 ff.

XIII. Uses of tamen.

a) Restrictive "at least."

ante tamen quam subeas, 6. 22; id est qui tamen aut etate aut inbeccillitate non fuerunt impediti, 7. 20; so also 11. 12. 27; 13. 4; 17. 23. 26; 18. 10. 20; 19. 22; 22. 27; 25. 17. 35; 26. 14; 27. 12; 29. 13; 30. 1; 32. 12; 35. 9; 36. 24; 53. 30; 55. 18.

b) Equivalent to autem or without apparent force.

5. 2. 7; 7. 13. 33; 8. 15; 11. 13; 12. 1. 30. 33; 13. 9. 21, 29; 14. 17; 17. 2; 18. 3. 22. 35; 19. 24; 22. 27; 25. 23; 27. 33; 35. 29; 36. 2; 48. 3. In 25. 23 tamen is repeated: in miliario tamen tertio quam tamen custodierunt.

Licet and tamen are strangely combined: licet tamen adhuc fructus afferat, 14. 12; so also cum (concessive) and tamen: cum tamen ita infiniti essent, 8. 10.

c) Correlative with an adversative conjunction only in 6. 15. 21; 7. 6. 28; 8. 36; 11. 22; 12. 24; 15. 18; 26. 32; 42. 18; 54. 15.

STYLE.[1]

The most striking characteristics of the style of the Peregrinatio are its simplicity and its monotony. The sentences are for the most part short, and, when of greater length, are loosely constructed, exhibiting a marked contrast to the periodic structure of Cicero. The writer tells the story of her journey in a simple, direct manner, without attempt at rhetorical ornament, employing in the whole work not a single simile or metaphor, and nowhere departing from the matter-of-fact methods of a guide-book. She records with unquestioning faith the accounts given by her guides of the sacred places visited and the miracles there performed. Perhaps the most impressive instance of her naïveté is found in her remarks upon the preservation of the pillar of salt into which Lot's wife was changed (p. 18. 25 ff.), or the unconscious humor of her account of the efforts of the monks to protect from the vandalism of relic-seekers the remains of the sacred cross (p. 45. 29 ff.).

[1] An interesting discussion of the style of the Peregrinatio is found in the Literarisches Centralblatt, 1900, No. 1, p. 52.

The subject-matter, of course, renders inevitable a certain monotony of style, especially in the latter part of the work in the description of the ritual of the church at Jerusalem. Yet throughout there are instances of sentence after sentence formed in exactly the same way; and the writer has apparently made no attempt to secure variety of expression. An excellent illustration of this is found on p. 10, where successive sentences begin as follows: Ostenderunt etiam (10. 12); Ostenderunt etiam (10. 14); Ostenderunt etiam (10. 17); Item ostenderunt (10. 19); Item ostenderunt (10. 21); Ostenderunt etiam (10. 22); Item ostenderunt (10. 24); Nam ostenderunt (10. 25); Ostenderunt etiam (10. 28). Or, again, on p. 13, where four successive sentences begin with nam. The looseness of construction is well illustrated by her frequent use of ac sic and et sic; just as, in English, half-educated persons are fond of beginning their sentences or connecting clauses with "and so."

The only figures in the Peregrinatio are those representing the σχήματα λέξεως, not the σχήματα διανοίας. The following are noted:

I. Tmesis.

    prode illis est = illis prodest, 14. 14.
    qui tante sollennitati inter non fuerit, 55. 18.
    prode est occurs several times in the Vulgate; also prode fit, Hebr. 13:17.

II. Geminatio.

    non eos subis lente et lente, 6. 35. Lente et lente also in 42. 17; 44. 25; 50. 34; 51. 3.
    signa locis et locis ponent, 12. 6.
    denuo et ibi denuo resumere, 12. 21.
    deducebant semper de castro ad castrum, 12. 35.
    ille eos uno et uno benedicet, 32. 24. Unus et unus also in 45. : 0. 35; 52. 14; 53. 25.
        See Professor Abbott, The Use of Repetition in Latin to Secure Emphasis, Intensity, and Distinctness of Impression (The University of Chicago Studies in Classical Philology, Vol. III).

III. Anacolouthon.

The frequency of anacolouthon is consistent with what has been said above of the looseness of sentence structure in the Peregrinatio. The following are some of the striking instances:

> In eo ergo loco cum uenitur, ut tamen commonuerunt deductores sancti illi, qui nobiscum erant, dicentes : "Consuetudo est ut fiat hic oratio ab his qui ueniunt, quando de eo loco primitus uidetur mons Dei; sicut et nos fecimus," 5. 6 ff. The sentence has no main verb.
>
> Ac sic ergo facientes iter singulis diebus ad subito de latere sinistro, unde e contra partes Fenicis uidebamus, apparuit nobis mons ingens et altus infinitum qui tendebatur, 22. 13 ff.
>
> Nam ecclesia, quam dixi foras ciuitatem, dominae sorores uenerabiles, ubi fuit primitus domus Abrahae, nunc et martyrium ibi positum est, id est sancti cuiusdam monachi nomine Helpidi, 27. 20 ff.
>
> See also 6. 28 ff.; 7. 3; 8. 10 ff.; 15. 16 ff.; 19. 25 ff.; 25. 26 ff.; 32. 30; 44. 11. 23. 34; 50. 32; 54. 13 ff.

Some of the instances of the nominative absolute are doubtless to be included under this head. See Chap. IV.

EXCURSUS.

QUOTATIONS FROM THE BIBLE.

The form of the quotations from the Bible might be expected to furnish some aid in the solution of the problem of the date of the Peregrinatio. The only conclusion, however, that one can draw from a study of them is a negative one in support of the position of Gamurrini, who fixes the date at 385–8. For did they exhibit a close resemblance to the Vulgate, it would be evident that the Peregrinatio could not have been written until after 383; when the first part of St. Jerome's translation was published. It will be noticed, however, that not only is the quotation in most instances not made directly from the Vulgate, but that it is also just as unlike the Versio Antiqua of Sabatier. On the other hand, one passage at least, while differing from both of the Latin versions, gives a literal rendering of the Septuagint, so that one is forced to the conclusion that here at least we have a translation made directly from the Greek. In other places, the author seems to be trusting to memory and exhibits great carelessness in quotation, a carelessness the more surprising in view of her frequent references to the reading of the appropriate passage from the Scriptures at each of the historic spots in the Holy Land visited by her.

A more careful study is made in the following comparison of each of the quotations in the Peregrinatio with the text of the Vulgate and of the Versio Antiqua, as given by Sabatier, Latinae Versiones Antiquae:

I. Per. 8. 22.   Quid tu hic Helias?   3 Kings 19:9.
    Vulgata Nova.   Quid hic agis, Elia?
    The Versio Antiqua fails us here.

II. Per. 9. 21 and 10. 2.   Solue corrigiam calciamenti tui; locus enim in quo stas terra sancta est.   Exod. 3:5.

Vulgata Nova. Solve calceamentum[1] de pedibus tuis; locus enim
in quo stas terra sancta est.

Versio Antiqua. Ne accesseris huc nisi solueris calciamentum de
pedibus tuis; locus enim in quo stas terra sancta est.

III. Per. 13. 35. In meliori terra Egypti colloca patrem
tuum et fratres in terra Iessen, in terra Arabiae. Gen.
47:6.

Vulgata Nova. Terra Aegypti in conspectu tuo est; in optimo
loco fac eos habitare et trade eis terram Gessen.

Versio Antiqua. Ecce terra Aegypti ante te est: in terra optima
colloca patrem tuum et fratres tuos.

IV. Per. 15. 30. Ascende in montem Arabot, montem Nabau,
qui est in terra Moab contra faciem Iericho et uide terram
Chanaan, quam ego do filiis Israhel in possessionem, et
morere in monte ipso in quem ascenderis. Deut. 32:49.

Vulgata Nova. Ascende in montem istum Abarim, id est tran-
situum, in montem Nebo qui est in terra Moab contra Iericho
et uide terram Chanaam quam ego tradam filiis Israel obti-
nendam et morere in monte.

Versio Antiqua. Ascende in montem Abarim . . . . et morere ibi.
The Septuagint has δίδωμι, corresponding to the *do* of the Peregrinatio.

V. Per. 16. 12. Et plorauerunt filii Israhel Moysen in
Arabot Moab et Iordane contra Iericho quadraginta
diebus. Deut. 34:8.

Vulgata Nova. Fleueruntque eum filii Israel in campestribus
Moab triginta diebus.

Versio Antiqua. Planxerunt filii Israel Moysen diebus triginta.
Here the resemblance is marked to the Septuagint reading:
ἐν Ἀραβὼθ Μωὰβ ἐπὶ τοῦ Ἰορδάνου κατὰ Ἱερειχώ. The number of
the days of mourning, however, differs also from the Greek
versiou and is, doubtless, a mistake of memory.

VI. Per. 27. 4. Exi de terra tua et de domo patris tui et uade
in Charram. Gen. 12:1.

Vulgata Nova. Egredere de terra tua et de cognatione tua et de
domo patris tui et ueni in terram quam monstrabo tibi.

Versio Antiqua. Exi de terra tua et de cognatione tua et de domo
patris tui et uade in terram quam tibi demonstrauero.

---

[1] Pro *calceamentum* plures codd. habent *calciamentum*. Variae Lectiones Vulgatae
Latinae. Carolus Vercellone. Rome, 1860.

VII. Per. 35. 31 and 42. 5. 9.   Benedictus qui uenit in nomine Domini. Matt. 21:9.

<blockquote>The Vulgata Nova and the Versio Antiqua have the same reading.</blockquote>

VIII. Per. 41. 3.   Cum uenisset Iesus in Bethania ante sex dies paschae. John 12:1.

<blockquote>Vulgata Nova. Jesus ergo ante sex dies Paschae uenit Bethaniam.
Versio Antiqua. Jesus ergo ante sex dies Paschae uenit in Bethaniam.</blockquote>

IX. Per. 43. 4.   Videte ne quis uos seducat. Matt. 24:4.

<blockquote>Vulgata Nova. Videte ne quis uos seducat.
Versio Antiqua. Videte ne quis uos seducat ullo modo.</blockquote>

X. Per. 44. 15.   Et accessit quantum iactum lapidis et orauit. Luke 22:41.

<blockquote>Vulgata Nova. Et ipse auulsus est ab eis quantum iactus est lapidis et positis genibus orabat.
Versio Antiqua. Et ipse fecessit ab eis quasi ad iactum lapidis et positis genibus orabat.</blockquote>

XI. Per. 44. 20.   Vigilate ne intretis in temptationem. Matt. 26:41; Mark 14:38.

<blockquote>Vulgata Nova. Vigilate et orate ut[1] non intretis in tentationem.
Versio Antiqua. Surgite et orate ut transeat a uobis tentatio. Mark 14:38.
   In Matt. 26:41 the reading is the same as that of the Vulgate.</blockquote>

XII. Per. 48. 24.   Non credo nisi uidero. John 20:25.

<blockquote>Vulgata Nova and Versio Antiqua. Nisi uidero . . . . non credam.</blockquote>

To this list the following indirect quotations are to be added:

I. Per. 17. 35.   quoniam, sicut scriptum est, sepulturam illius nullus hominum scit; quoniam certum est eum ab angelis fuisse sepultum. The reference is to the burial of Moses. Deut. 34:6.

<blockquote>Vulgata Nova. Et sepelivit eum in ualle terrae Moab contra Phogor et non cognouit homo sepulcrum eius usque in praesentem diem.
Versio Antiqua. Et sepelierunt eum in Geth prope domum Phegor et nemo scit sepulcrum eius usque in diem istum.
   The Septuagint likewise has no reference to the angels.</blockquote>

---

[1] Some MSS. have *ne* for *ut non*.

II. Per. 20. 8. Hic est locus ubi optulit Melchisedech hostias Deo puras, id est panes et uinum, sicut scriptum est eum fecisse. Cf. Gen. 14:18.

> Vulgata Nova. At uero Melchisedech rex Salem proferens panem et uinum.
> Versio Antiqua. Et Melchisedech rex Salem protulit panem et uinum.

III. Per. 23. 33. de quo satis bene scriptum est esse flumen magnum Eufraten et ingens et quasi terribilis est.

> Vulgata Nova. Gen. 15:18 fluuium magnum Euphraten. Josh. 1:4 fluuium magnum Euphraten. Apoc. 9:14 in flumine magno Euphrate. Apoc. 16:12 flumen illud magnum Euphraten.
> Versio Antiqua. Gen. 15:18 flumen magnum Euphraten. Josh. 1:4 flumen Euphratem. Apoc. 9:14 and 16:12 flumen illud magnum Euphraten.

IV. Per. 43. 14. et legit illum locum ubi Iudas Scariothes hiuit ad Iudeos, definiuit quid ei darent ut traderet Dominum. Matt. 26:14, 15.

> Vulgata Nova. Tunc abiit unus de duodecim qui dicebatur[1] Iudas Iscariotes[2] ad principes sacerdotum et ait illis: Quid uultis mihi dare et ego uobis eum tradam.

[1] Versio Antiqua, uocabatur.
[2] Versio Antiqua, Scariotha. Compare also Mark 14:10 and Luke 22:3, 4.

INDEX.[1]

a and *ab*, 94.
Ablative for predicate nominative, 107; for accusative, 107; to express limit of motion, 109; and nominative absolute, confusion of, 110.
ac si equivalent to *tamquam*, 124.
Accusative for predicate nominative, 107; adverbial, 110; cognate, 110; for locative, 110; Greek, 87, 130, 132.
-*acus*, adjective ending in, 83.
ad, constructions with, 94; for *apud*, 104.
ad-phrase with a verb of saying, 102; for the ablative, 103; for the dative, 103; to express place where, 103; to express time when, 103.
Adverbial accusative, 110.
Adverbs, peculiarities in meaning, 147; unusual forms, 83.
Adversative clauses, 124.
ae for *e*, 76.
Agreement, logical not grammatical, 110; mistakes in, 111.
aliquandiu, 147.
aliquando = *umquam*, 147.
-*anus*, adjectives ending in, 83.
Anacolouthon, 153.
ante, constructions with, 94, 95.
antequam, 122.
Aspirate, absence of initial, 77; incorrect initial, 77; incorrect initial with prosthesis, 78; absence of medial, 78.
Assimilation, 80, 81.
b for *v*, 78.
Bible, quotations from, 154 ff.
c for *qu*, 78.
Case construction, irregularities of, 107; expressed by a prepositional phrase, 102-5.

cata, 95 and 130.
Causal clauses, 115, 116.
ch for *h*, 78.
circa, constructions with, 95.
coepi, periphrasis with, 126.
Cognate accusative, 110.
Comparative of the adjective, 87.
Compound prepositional phrases, 101, 102.
con, verbs compounded with, 84.
Conjunctions, peculiarities in use of, 148-51.
Consonants, confusion of, 78, 79.
contra, constructions with, 95.
cum, adversative, 124; causal, 115; temporal, 118; the preposition, 95, 96.
d for *t* final, 79.
de, constructions with, 96; for *ex*, 105; *de se* for *ipse*, 105.
de-phrase for the genitive, 104; for the ablative of means, 104; for the ablative of time, 105; for *in* and the ablative, 104; to express the partitive idea, 104.
Declension, errors in, 86, 87; parallel forms of, 87.
Departures from classical usage in the meaning of words, 136-43.
Deponent verbs in the active, 92; active verbs used as, 91.
di for *z*, 79.
dignus, constructions with, 117.
Diminutives, 128.
donec, 122.
dum, 122.
Duration of time, 108, 109.
e for *ae*, 75.
e for *oe*, 76.
Ecclesiastical Latin, words peculiar to, 133-6.

[1] All references are to pages of the Study of the Latinity.

SANCTAE SILVIAE PEREGRINATIO 159

eo quod introducing a substantive clause, 112-15.
Errors in spelling, 80.
et superfluous, 149.
etiam — sed et, 149.
Extent of space, 107, 108.
f for *ph*, 79.
facio, passive of, 90; with verbal nouns, 126; *se facere* for *fieri*, 126.
Final letters, omission of, 79, 80.
foras, 96.
forsitan = fere, 147.
forte = fere, 147.
fortuitu, 83.
Future indicative, incorrect form of, 90.
Geminatio, 152.
Genitive for dative with compound verb, 110.
Gerund, uses of, 117 and 125.
Greek accusative, 87.
Greek words and phrases, 128, 129; words of Greek origin, 129-32.
habere, used impersonally, 127; *= habere necesse*, 127; *libenter habere*, 127; *iter habere*, 126.
hoc est, 145, 146.
i for *y*, 76.
id est, 145, 146.
ille as the definite article, 144.
Imperfect indicative, incorrect forms of, 90.
in, constructions with, 96-8; verbs compounded with, 84.
in-phrase for genitive of the charge, 105.
incipio, periphrasis with, 126.
Indicative, irregular forms of, 88-91; in indirect questions, 115; in result clauses, 116.
Indirect questions in the indicative, 115.
Infinitive for causal clause, 116; to express purpose, 117.
inibi = ibi, 147.
inter, intra, intro, constructions with, 99.

ipse. uses of, 145.
iter facere, 126; *iter habere*, 126.
iam = fere, 147.
iuxta, constructions with, 99; meaning of, 105.
iuxta consuetudinem and its synonyms, 105.
libenter habere, 127.
licet. sequence with, 124.
Locative case with nouns not names of cities, 110.
m final dropped, 79, 80.
magnus, driven out by *ingens* and *grandis*, 140.
milia as an adjective, 111.
mox as a conjunction, 121.
nec, uses of, 150.
nec non et, 148; *nec non etiam*, 149; *nec non etiam et*, 149.
Nominative absolute, 109; for accusative, 107.
non solum — sed et, 149.
Noun, syntax of, 93-111.
nunquid, 147.
o for *um*, 91.
Participle, periphrasis with, 125; incorrect perfect passive, 91; ending in *o*, 91.
Passive periphastic, 125.
per, constructions with, 100; adjectives compounded with, 82; verbs compounded with, 84.
Perfect indicative, incorrect form of, 91.
Periphrastic forms, 125, 126.
post, constructions with, 100.
postmodum, 147.
postquam, 121.
praeter, constructions with, 100.
Prepositional phrases, compound, 101, 102; for case-construction, 102-5.
Prepositions with an unusual meaning, 105, 106; omission of, 106.
Present tense with future force, 112.
primitus = primum, 147.
priusquam, 122.

pro, constructions with, 101; equivalent to *propter*, 106.
Pronouns, irregular forms of, 87; peculiarities in use of, 144-6.
prope and *propter*, 101.
Prosthesis, 78.
Purpose clauses, 117.
qu for *ch*, 79.
qua equivalent to *quando*, 119, 120.
quam, omission of, 111.
quamlibet, quamquam, and *quamuis*, 124.
quando, causal, 116; temporal, 119.
quanti equivalent to *quot*, 146.
quemadmodum, temporal, 120.
quia, causal, 115; introducing a substantive clause, 115.
quod, causal, 115; introducing a substantive clause, 112-15.
quomodo, 146.
quoniam, causal, 115; introducing a substantive clause, 112-15, 118.
Quotations from the Bible, 154 ff.
quotiens, 123; *quotienscumque*, 123.
quousque = *dum*, 122.
Relative, attraction of, 111; introducing a temporal clause, 123, 124.
Result clauses, 110.
s final dropped, 80.
satis, 148.
singulariter = *singuli*, 147.
-sio, nouns in, 82.
Style, 151-3.
sub, adjectives compounded with, 82.

Subjunctive, incorrect present forms, 91.
Substantive clauses, 117, 118; for the infinitive, 112-15.
super, constructions with, 101; equivalent to *de*, 106.
super-phrase for the dative, 105.
Supine, 91.
susu, 83.
t for *d* final, 79.
taliter, 83.
tam modifying a phrase, 147.
tam—quam = *et—et*, 149; *tam—tam*, 150.
tam—uel, 150; *tam—quam etiam—sed et*, 149.
tamen, uses of, 151.
Temporal clauses, 118-24.
Tenses, sequence of, 112.
-tio, nouns in, 82.
Tmesis, 152.
-tor, nouns in, 82.
u for *au*, 77.
ubi, temporal conjunction, 120; relative adverb, 148.
ubique, 148.
ubicumque, temporal, 123.
unus as the indefinite article, 144.
ut, temporal, 118, 119.
ualde, 148.
uel, uses of, 150.
Verb, irregular forms, 87-92; syntax of, 112-27.
Vowels, confusion of, 75-7.